USE THIS PAGE TO TEST WHEN USING MARKERS. PUT UNDER THE DRAWING YOU COLOR JUST TO MAKE SURE IT DOESN'T BLEED ONTO THE NEXT DRAWING WHEN YOU USE FELT, INK OR ANY WATERBASE MARKERS.

YOU CAN USE ACRYLIC PAINT <u>WITHOUT</u> DILUDING IT IN WATER. IT WILL NOT GO THROUGH, BUT IF YOU USE SHARPIE MARKERS BECAUSE OF THE ALCOLHOL CONTENT IT GOES THROUGH THE PAGE.

The paper becomes a bit wrinkled when using acrylic paint, but it gives it a nice effect

It is recommended to test and see

UTILISEZ CETTE PAGE POUR TESTER LORS DE L'UTILISATION DE MARKEURS/FEUTRES. METTEZ-LA SOUS LE DESSIN QUE VOUS COLORIEZ POUR VOUS ASSURER QU'IL NE TRANSFERT PAS L'ENCRE SUR LE PROCHAIN DESSIN. CECI S'APPLIQUE POUR TOUT MARQUEURS, FEUTRES, OU ENCRE.

VOUS POUVEZ UTILISER LA PEINTURE ACRYLIQUE <u>SANS</u> LA DILUER DANS L'EAU, MAIS SI VOUS UTILISEZ DES MARQUEURS 'SHARPIE' EN RAISON DU CONTENU D'ALCOLHOL, LA COULEUR VA SE TRANSFÉRER SUR L'AUTRE PAGE.

Pour l'acrylique, le papier va gondoler un peu et donnera un effet intéressant

Il est recommandé de tester pour voir

BEAUTIFUL AND MAGICAL HALIFAX

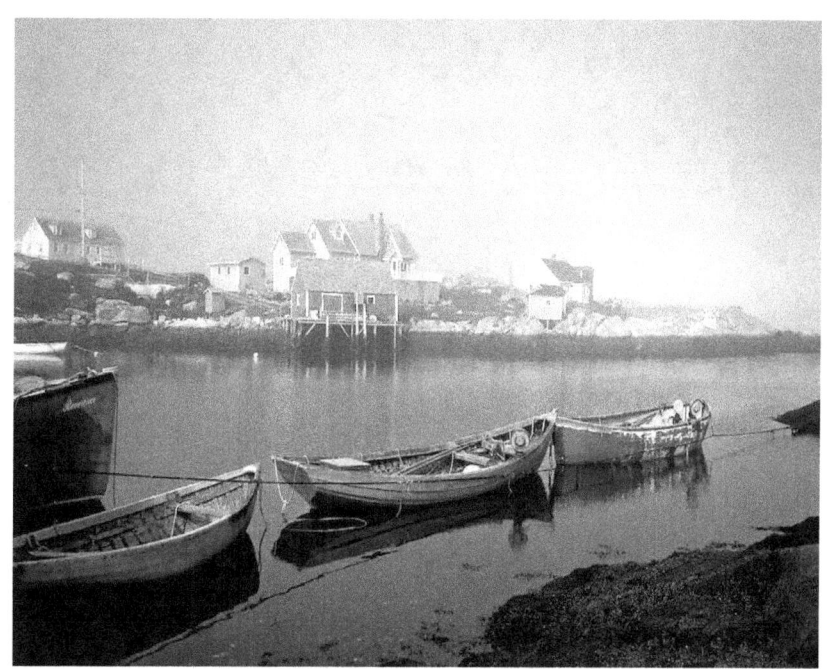

THIS BOOK IS AN ARTISTIC INTERPRETATION OF NANCY BÉLIVEAU ON THE CITY OF HALIFAX

CE LIVRE EST UNE INTERPRETATION ARTISTIQUE DE NANCY BÉLIVEAU SUR LA VILLE DE HALIFAX

HALIFAX THE BEAUTIFUL

Halifax is a major cultural center within the Atlantic provinces. The city has maintained many of its maritime and military traditions, while opening itself to a growing multicultural population. The municipality's urban core also benefits from a large population of post-secondary students who strongly influence the local cultural scene.

Halifax has several art galleries, theatres and museums, as well as most of the region's national-quality sports and entertainment facilities. Halifax is also the home to many of the region's major cultural attractions, such as Halifax Pop Explosion, Symphony Nova Scotia, the Art Gallery of Nova Scotia, The Khyber, the Maritime Museum of the Atlantic and the Neptune Theatre.

The region is noted for the strength of its music scene and nightlife, especially in the central urban core. Halifax's tourism industry showcases Nova Scotia's culture, scenery and coastline. There are several museums and art galleries in downtown Halifax. The Canadian Museum of Immigration at Pier 21, an immigrant entry point prominent throughout the 1930s, 1940s, and 1950s, was opened to the public as a National Historic Site of Canada in 1999 and is the only national museum in the Atlantic provinces.

The Maritime Museum of the Atlantic is a maritime museum containing extensive galleries including a large exhibit on the famous *Titanic*, over 70 small craft and a 200-foot (61 m) steamship CSS *Acadia*. In summertime the preserved World War II corvette HMCS *Sackville* operates as a museum ship and Canada's naval memorial. The Art Gallery of Nova Scotia is housed in a 150-year-old building containing over 9000 works of art. Finally, the Black Cultural Centre for Nova Scotia in Dartmouth reflects the region's rich ethnic heritage. (Source: Wikipedia)

Halifax est un centre culturel majeur dans les provinces de l'Atlantique. La ville a conservé nombre de ses traditions maritimes et militaires, tout en s'ouvrant à une population multiculturelle croissante. Le noyau urbain de la municipalité bénéficie également d'une importante population d'étudiants de niveau postsecondaire qui influence fortement la scène culturelle locale.

Halifax compte un certain nombre de galeries d'art, de théâtres et de musées, ainsi que la plupart des installations sportives et de divertissement de qualité nationale de la région. Halifax abrite également de nombreuses attractions culturelles majeures de la région, telles que Halifax Pop Explosion, le 'Symphony Nova Scotia', la Gallerie d'Art de la Nouvelle Écosse, le Khyber, le 'Maritime Museum of the Atlantic' et le Théâtre Neptune.

La région est réputée pour la vigueur de sa scène musicale et de sa vie nocturne, en particulier dans le centre-ville. L'industrie touristique de Halifax met en valeur la culture, les paysages et le littoral de la Nouvelle-Écosse. Il y a plusieurs musées et galeries d'art au centre-ville d'Halifax. Le Musée canadien de l'immigration au Quai 21, point d'entrée important pour les immigrants dans les années 1930, 1940 et 1950, a été ouvert au public en tant que lieu historique national du Canada en 1999 et est le seul musée national des provinces de l'Atlantique.

Le Musée maritime de l'Atlantique est un musée maritime contenant de nombreuses galeries comprenant une grande exposition sur le célèbre Titanic, plus de 70 petites embarcations et un navire à vapeur CSS Acadia de 61 pieds (61 m). En été, la corvette préservée, le NCSM Sackville, est un musée de navires et de monument commémoratif de la marine canadienne. La Galerie d'art de la Nouvelle-Écosse occupe un bâtiment vieux de 150 ans contenant plus de 9 000 œuvres d'art. Finalement, le Centre culturel africain de la Nouvelle-Écosse à Dartmouth reflète le riche héritage ethnique de la région.
(Source : Wikipedia)

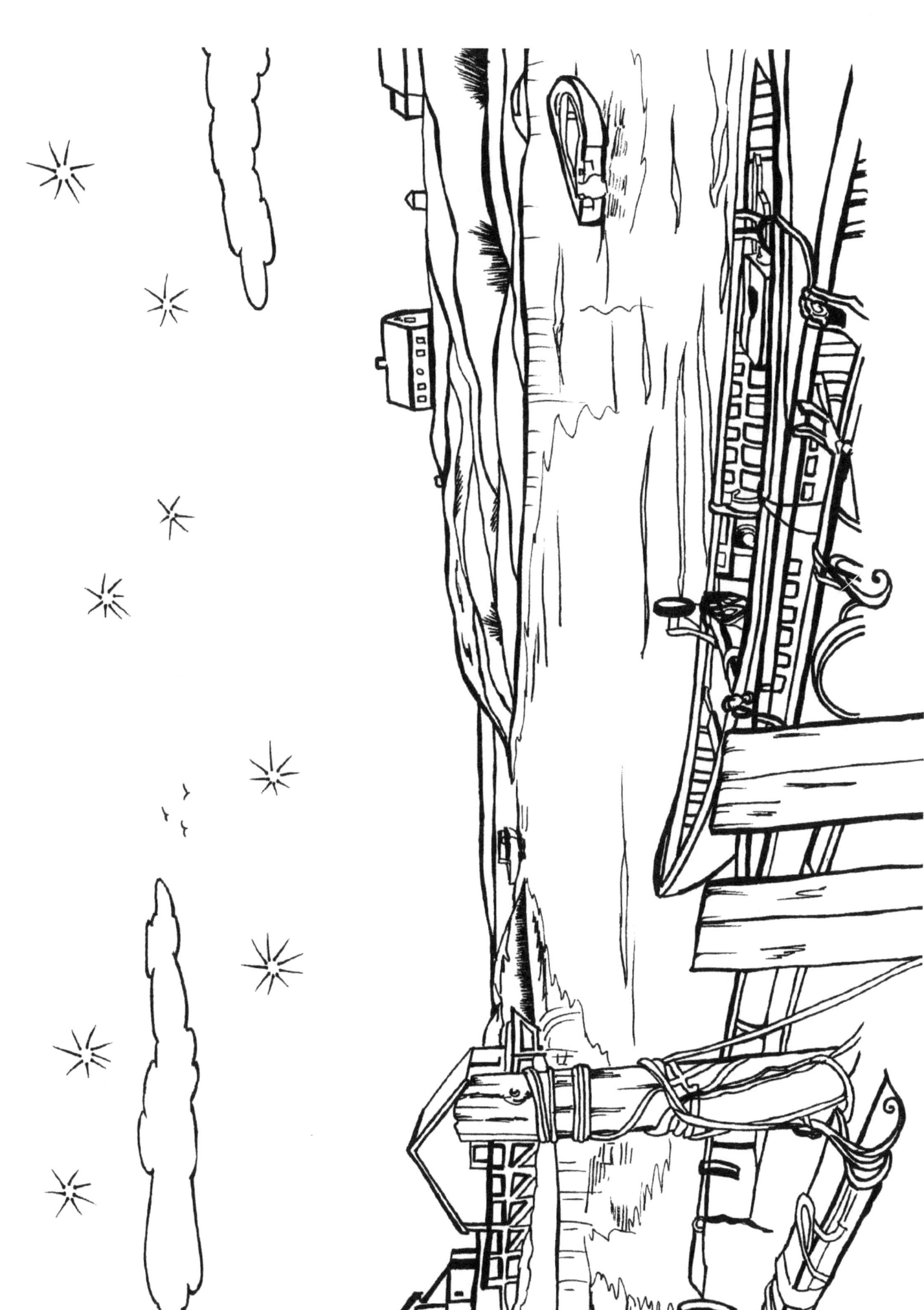

14 Fun Facts You Probably Didn't Know About Halifax   (Source: Narcity.com)

1. Halifax is technically not even a city, but a regional municipality made up of Halifax, Dartmouth, Bedford and the Municipality of Halifax County.
2. Halifax is closer to Dublin, Ireland than it is to Victoria, B.C
3. The Halifax Explosion in 1917 was the world's largest man-made explosion before Hiroshima
4. Citadel Hill is the most visited National Historic Site in Canada to date
5. There are 81 post secondary students per 1000 people in Halifax, three times the national average, likely because of our 6 degree granting universities.
6. Halifax rents Point Pleasant Park from the British Government for only 10 cents per year on a 999 year lease! Talk about cheap rent.
7. One out of every five Canadians is related to someone who passed through Halifax's Pier 21
8. Canada's first covered ice rink was opened on January 3, 1863 in the Halifax Public Gardens
9. Up until 1844 the Royal Navy hung pirates at Point Pleasant Park on Black Rock Beach!
10. The Halifax to Dartmouth ferry service is the oldest continually operational saltwater ferry service in North America
11. Halifax has more bars per capita than any other city in Canada
12. The first divorce to occur in Canada was filed in Halifax in the year 1750.
13. Allegedly there are 32 Volvos on the floor of the Bedford Basin. They sunk in 1969 after the container ship that was transporting them sunk.
14. Someone walks into a library in HRM once for every minute that the libraries are open.

14 faits amusants que vous ignoriez probablement sur Halifax

1. Halifax n'est techniquement même pas une ville, mais une municipalité régionale composée de Halifax, Dartmouth, Bedford et la municipalité du comté de Halifax.
2. Halifax est plus proche de Dublin, en Irlande, que de Victoria, en C.-B
3. L'explosion d'Halifax de 1917 est la plus grande explosion d'origine humaine au monde avant Hiroshima
4. 'Citadel Hill' est le lieu historique national le plus visité au Canada à ce jour.
5. Il y a 81 étudiants de niveau postsecondaire pour 1 000 habitants à Halifax, soit trois fois la moyenne nationale, probablement en raison de nos six universités qui décernent des diplômes.
6. Halifax loue Point Pleasant Park au gouvernement britannique pour seulement 10 cents par an sur un bail de 999 ans ! Vraiment pas dispendieux comme loyer !
7. Un Canadien sur cinq est lié à une personne qui est passée par le quai 21 de Halifax.
8. La première patinoire couverte du Canada a été ouverte le 3 janvier 1863 aux jardins publics de Halifax.
9. Jusqu'en 1844, la Royal Navy a pendu des pirates au parc Point Pleasant (plage de Black Rock).
10. Le service de traversier entre Halifax et Dartmouth est le plus ancien service de traversier en eau de mer en service continu en Amérique du Nord.
11. Halifax compte plus de bars par habitant que toute autre ville du Canada
12. Le premier divorce au Canada a eu lieu à Halifax en 1750.
13. Il y aurait 32 voitures Volvos sur le sol du bassin de Bedford. Ils ont coulé en 1969 après le naufrage du porte-conteneurs qui les transportait.
14. Une personne entre dans une bibliothèque de HRM une fois par minute d'ouverture des bibliothèques.

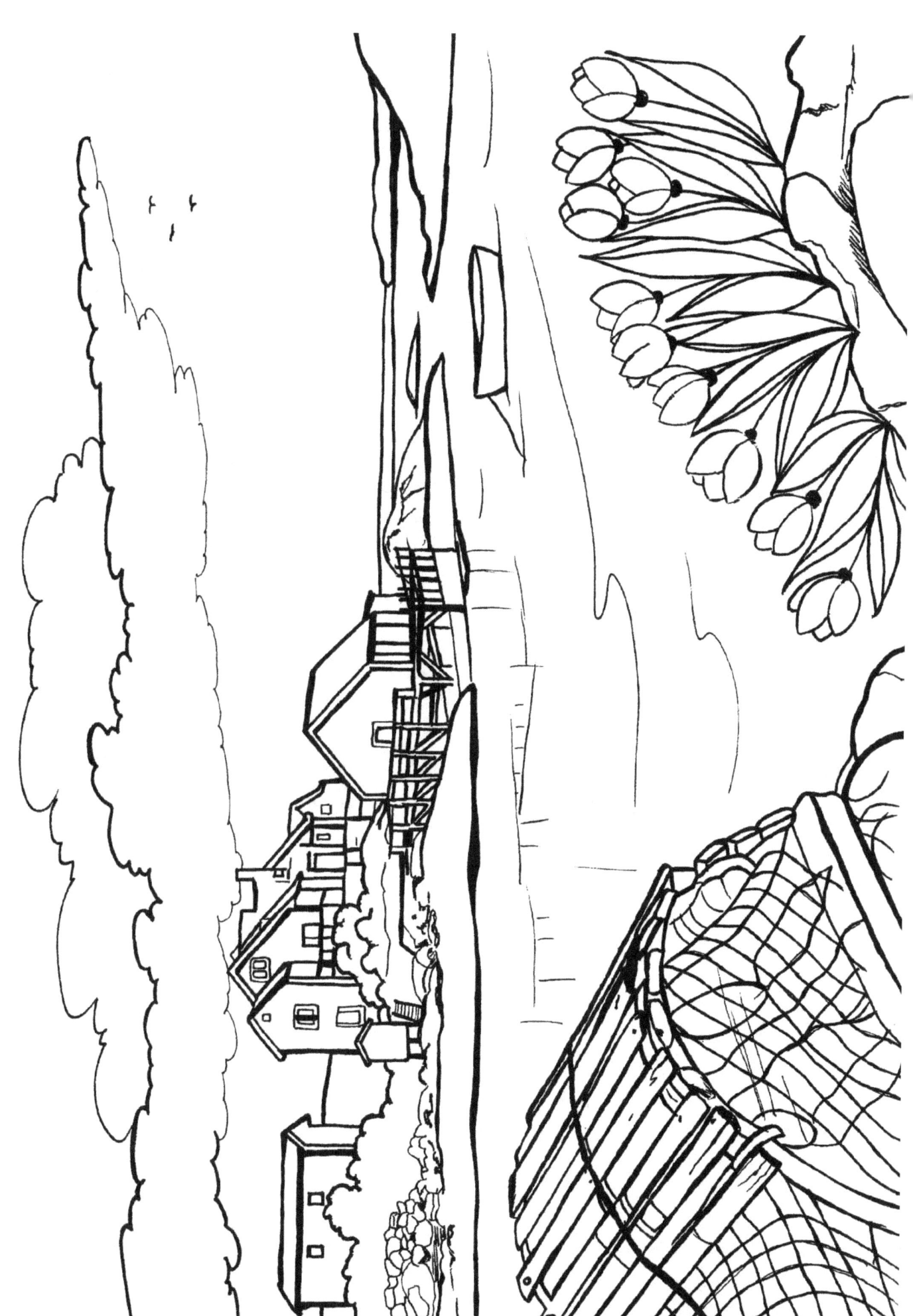

Old Town Lunenburg. This UNESCO World Heritage Site – with its narrow streets and unique architecture – is also the home port of Nova Scotia's sailing ambassador, the Bluenose II. The graceful ship is a replica of the original fishing boat that found fame as a racing schooner. Wander Old Town Lunenburg's distinctive waterfront with its colourful buildings and listen for salty tales of seafaring and rum-running. Discover what life is like on the open ocean when you visit the Fisheries Museum of the Atlantic on the Lunenburg waterfront.

After walking the wharves of Old Town Lunenburg, hike the granite outcrops of Blue Rocks, a small picturesque fishing village that's just a few minutes' drive from the UNESCO World Heritage site. With dramatic seascapes and fascinating geology, it's a popular spot for cyclists and photographers alike. Interested in kayaking? Pleasant Paddling offers sea kayaking tours from Blue Rocks and along the coastline around Lunenburg.

UNESCO Designation

Old Town Lunenburg is one of only two urban communities in North America designated as a UNESCO World Heritage site. Seventy percent of the original colonial buildings from the 18th and 19th centuries continue to greet visitors with their colourful façades.In Lunenburg, the past mingles with the present, and you can still see tall ships moored in the harbour and hear a blacksmith's hammer in a waterfront warehouse. Guided tours tell tales of lives lost on the ocean, and of the spirits that return to haunt the living.

La vieille ville de Lunenburg. Ce site classé au patrimoine mondial de l'UNESCO, avec ses rues étroites et son architecture unique, est également le port d'attache de l'ambassadeur de la voile de la Nouvelle-Écosse, le Bluenose II. Ce navire gracieux est une réplique du bateau de pêche original qui a acquis une renommée en tant que goélette de course. Promenez-vous au bord de l'eau de la vieille ville de Lunenburg avec ses bâtiments colorés et écoutez des récits salés de marins et de rhum. Découvrez à quoi ressemble la vie en haute mer lorsque vous visitez le musée de la pêche de l'Atlantique sur le front de mer de Lunenburg.

Désignation de l'UNESCO

La vieille ville de Lunenburg est l'une des deux seules agglomérations urbaines en Amérique du Nord désignée comme site du patrimoine mondial de l'UNESCO. Soixante-dix pour cent des bâtiments coloniaux d'origine des 18e et 19e siècles continuent à accueillir les visiteurs avec leurs façades colorées. À Lunenburg, le passé se mêle au présent et vous pouvez toujours voir de grands navires amarrés dans le port et entendre le marteau d'un forgeron dans un entrepôt au bord de l'eau. Les visites guidées racontent des histoires de vies perdues sur l'océan et des esprits qui reviennent hanter les vivants.

(Source : https://www.novascotia.com)

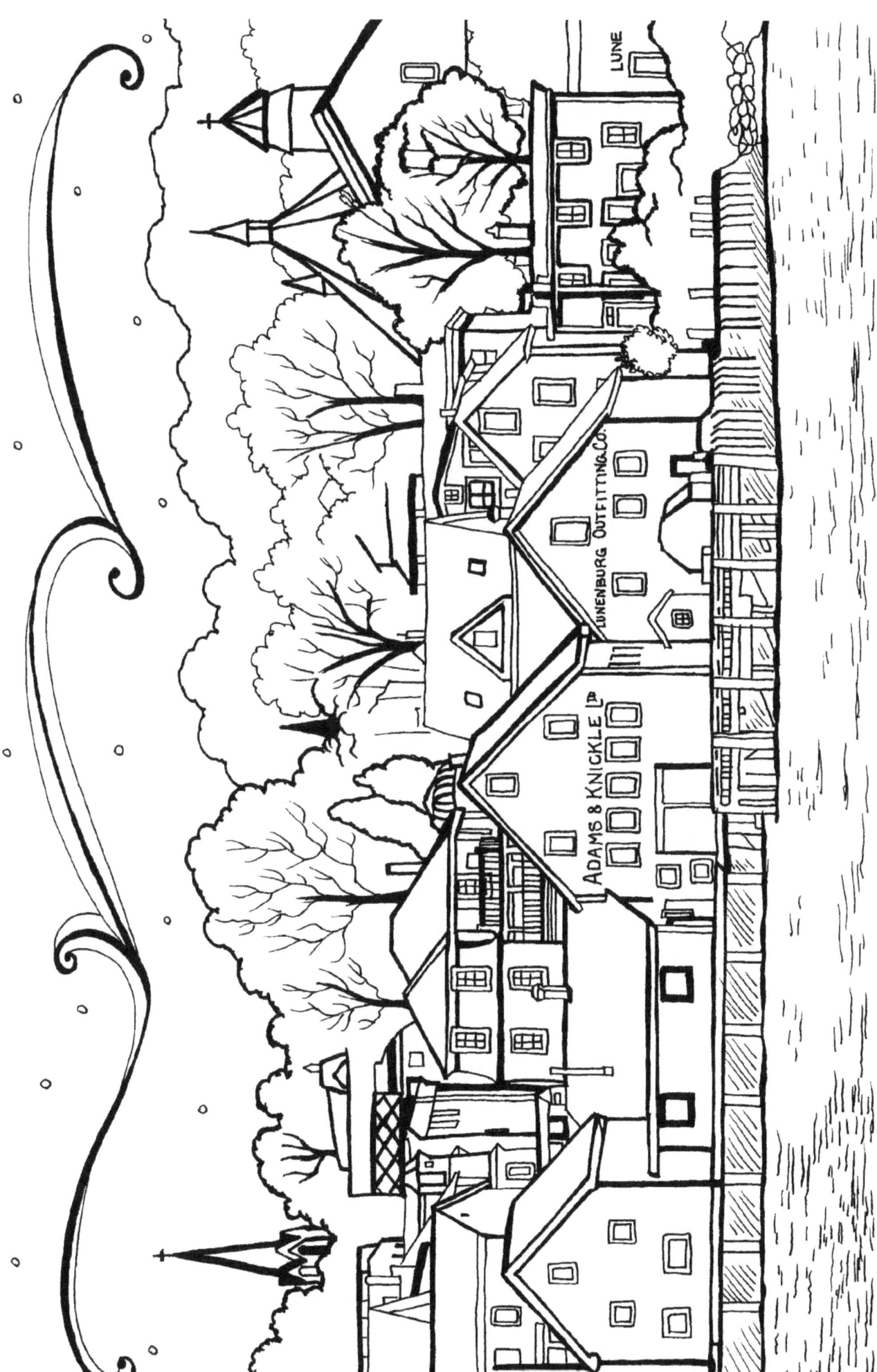

LUNENBURG

Lunenburg is a port town in Lunenburg County, Nova Scotia, Canada. Situated on the province's South Shore, Lunenburg is located on the Fairhaven Peninsula at the western side of Mahone Bay. The town is approximately 90 kilometres southwest of the county boundary with the Halifax Regional Municipality.

The town was established by the four founding fathers, Patrick Sutherland, Dettlieb Christopher Jessen, John Creighton and Jean-Baptiste Moreau during Father Le Loutre's War, four years after Halifax was established. The town was one of the first British attempts to settle Protestants in Nova Scotia intended to displace Mi'kmaq and Acadian Catholics. British settlement posed a lasting, grave and certain threat to Mi'kmaq's control over their traditional territorial borders of Mi'kma'ki within Wabanaki. Considering that British conditions for peace required surrender of Mi'kmaq sovereignty to the Crown, Wabanaki groups raided Lunenburg nine times in the early years of the settlement in an attempt to reclaim their loss.

The historic town was designated a United Nations Educational, Scientific and Cultural Organization (UNESCO) World Heritage Site in 1995. This designation ensures protection for much of Lunenburg's unique architecture and civic design, being the best example of planned British colonial settlement in Canada. The historic core of the town is also a National Historic Site of Canada.

Lunenburg est une ville portuaire du comté de Lunenburg, en Nouvelle-Écosse, au Canada. Situé sur la rive sud de la province, Lunenburg est situé sur la péninsule de Fairhaven, à l'ouest de la baie de Mahone. La ville est à environ 90 kilomètres au sud-ouest de la frontière du comté avec la municipalité régionale d'Halifax.
La ville a été créée par les quatre pères fondateurs, Patrick Sutherland, Dettlieb Christopher Jessen, John Creighton et Jean-Baptiste Moreau pendant la guerre du père Le Loutre, quatre ans après la fondation de Halifax. La ville a été l'une des premières tentatives britanniques d'établir des protestants en Nouvelle-Écosse dans le but de déplacer des catholiques mi'kmaq et acadiens. La colonisation britannique constituait une menace grave, durable et certaine pour le contrôle des Mi'kmaq sur leurs frontières territoriales traditionnelles, les Mi'kma'ki, à Wabanaki. Considérant que les conditions de paix britanniques exigeaient la reddition de la souveraineté des Mi'kmaq à la Couronne, des groupes Wabanaki ont effectué une descente à neuf reprises à Lunenburg au cours des premières années du règlement, dans le but de récupérer leurs pertes.
La ville historique a été désignée site du patrimoine mondial par l'Organisation des Nations Unies pour l'éducation, la science et la culture (UNESCO) en 1995. Cette désignation assure la protection d'une grande partie de l'architecture et de la conception civique uniques de Lunenburg, constituant le meilleur exemple de la colonisation britannique envisagée au Canada. Le centre historique de la ville est également un lieu historique national du Canada.

(Source : Wikipedia)

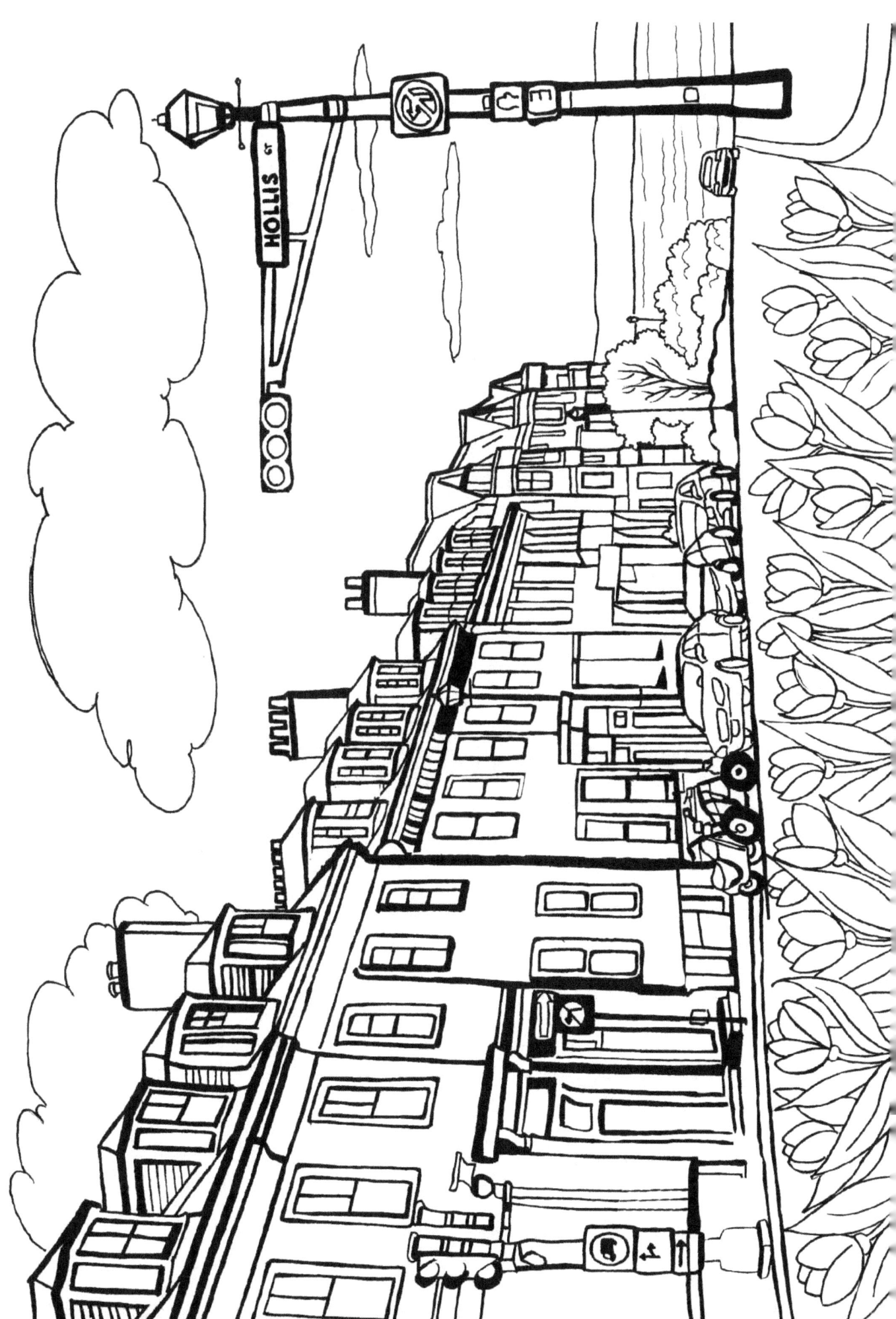

PEGGY'S COVE

Peggy's Cove is a small rural community located on the eastern shore of St. Margarets Bay in Nova Scotia's Halifax Regional Municipality, which is the site of Peggys Point Lighthouse (established 1868).

A bit of History

The first recorded name of the cove was Eastern Point Harbour or Peggs Harbour in 1766. The village is likely named after Saint Margaret's Bay (Peggy being the nickname for Margaret), which Samuel de Champlain named after his mother Marguerite. There has been much folklore created to explain the name. One story suggests the village may have been named after the wife of an early settler. The popular legend claims that the name came from the sole survivor of a shipwreck at Halibut Rock near the cove.

On September 2, 1998, Swissair Flight 111 crashed into St. Margaret's Bay with the loss of all 229 aboard. Peggy's Cove became one of the staging areas for First Responders that were involved in the search and rescue response, crash recovery operation, and investigation of the crash. Many of the CCGA volunteers that were first to approach the crash site were privately owned fishing boats that were operating out of Peggy's Cove and surrounding harbours.

Peggy's Cove est une petite communauté rurale située sur la rive est de la baie St. Margarets, dans la municipalité régionale d'Halifax, en Nouvelle-Écosse, où se trouve le phare de Peggys Point (créé en 1868).

Un peu d'histoire

Le premier nom enregistré de la crique était Eastern Point Harbour ou Peggs Harbour en 1766. Le village porte probablement le nom de Saint Margaret's Bay (Peggy étant le surnom de Margaret), que Samuel de Champlain a baptisé du nom de sa mère Marguerite. Beaucoup de folklore ont été créés pour expliquer le nom. Une histoire suggère que le village pourrait avoir été nommé comme l'épouse d'un premier colon. La légende populaire prétend que le nom vient du seul survivant d'un naufrage à Halibut Rock, près de l'anse.

Le 2 septembre 1998, le vol 111 de Swissair s'est écrasé dans la baie de St. Margaret's, entraînant la perte des 229 passagers à bord. Peggy's Cove devient l'une des zones de rassemblement pour les premiers intervenants qui ont participé à l'intervention de recherche et de sauvetage, à l'opération de récupération sur incident et à l'enquête sur l'accident. Parmi les bénévoles de la GCAC qui ont été les premiers à s'approcher du lieu de l'accident, il s'agissait de bateaux de pêche privés opérant à partir de Peggy's Cove et des ports environnants.

(Source : Wikipedia)

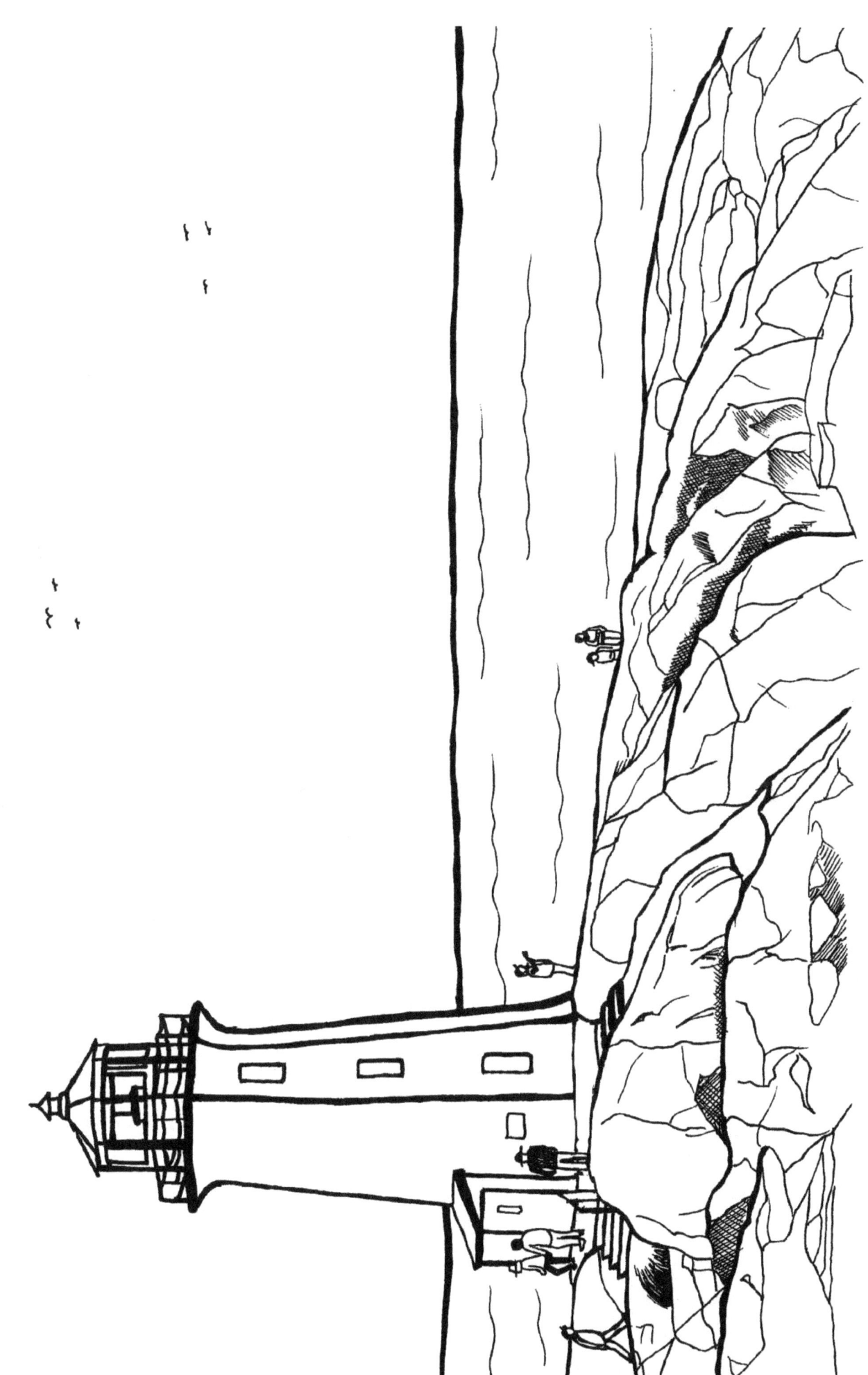

PEGGY'S POINT LIGHTHOUSE

Peggys Point Lighthouse, also known as Peggys Cove Lighthouse, is an active lighthouse and an iconic Canadian image. Located within Peggys Cove, Nova Scotia, it is one of the busiest tourist attractions in the province and is a prime attraction on the Lighthouse Trail scenic drive. The lighthouse marks the eastern entrance of St. Margarets Bay and is officially known as the Peggys Point Lighthouse.

LE PHARE DE PEGGY'S POINT

Le phare de Peggys Point, également appelé phare de Peggys Cove, est un phare actif et une image emblématique du Canada. Situé à Peggys Cove, en Nouvelle-Écosse, il s'agit de l'une des attractions touristiques les plus fréquentées de la province et constitue une attraction de choix sur la route panoramique de Lighthouse Trail. Le phare marque l'entrée est de la baie de St. Margarets et est connu officiellement sous le nom de phare de Peggys Point.

(Source : Wikipedia)

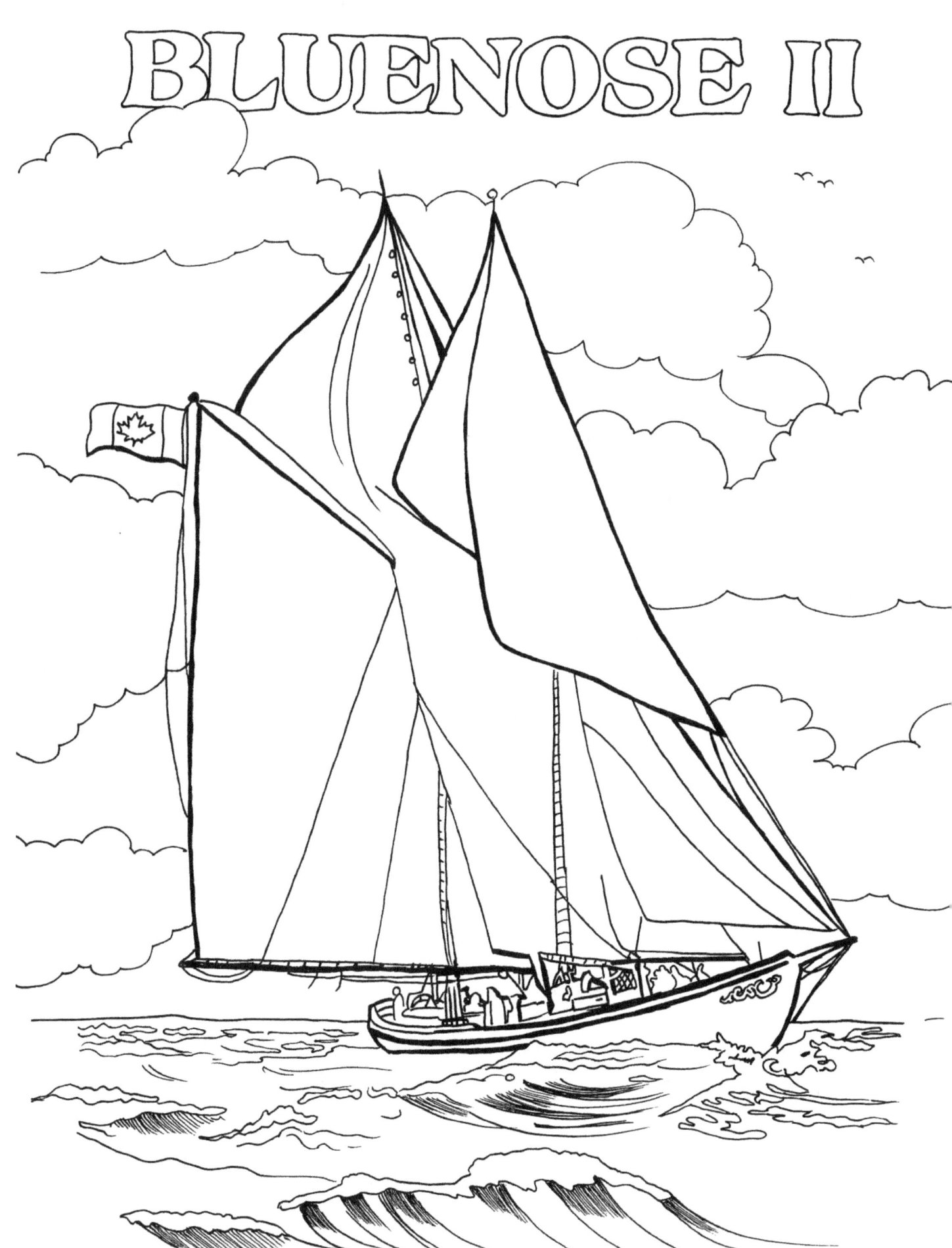

LEGEND OF BLUENOSE

Bluenose was a fishing and racing sailboat built in 1921 in Nova Scotia, Canada. A celebrated racing ship and fishing vessel, *Bluenose* under the command of Angus Walters became a provincial icon for Nova Scotia and an important Canadian symbol in the 1930s, serving as a working vessel until she was wrecked in 1946.

Nicknamed the "Queen of the North Atlantic", she was later commemorated by a replica, *Bluenose II*, built in 1963. The name *Bluenose* originated as a nickname for Nova Scotians from as early as the late 18th century.

Pull out your wallet and look at a Canadian dime – it's emblazoned with a fishing schooner that became famous for speed and perseverance.

It was said the Bluenose could dance on top of the ocean, cutting through waves like no other ship on the sea. As a racing schooner, she was undefeated in her 18-year career and became a Canadian icon. Today, her spirit lives on in the Bluenose II - Nova Scotia's tribute to our shipbuilding heritage.

LÉGENDE DE BLUENOSE

Bluenose était un voilier de pêche et de course construit en 1921 en Nouvelle-Écosse, au Canada. Navire de course et bateau de pêche réputé, le Bluenose, commandé par Angus Walters, est devenu une icône de la province de la Nouvelle-Écosse et un symbole canadien important dans les années 1930. Il a servi de navire de travail jusqu'à son naufrage en 1946.

Surnommé la "Reine du Nord" Atlantique ", elle a ensuite été commémorée par une réplique, le Bluenose II, construite en 1963. Le nom Bluenose tire son origine du surnom donné aux Néo-Écossais dès la fin du XVIIIe siècle.

Sortez votre portefeuille et regardez un dix sous canadien - il est orné d'une goélette de pêche devenue célèbre pour sa rapidité et sa persévérance.

On a dit que le Bluenose pouvait danser au-dessus de l'océan, traversant les vagues comme aucun autre navire sur la mer. En tant que goélette de course, elle était invaincue au cours de ses 18 années de carrière et est devenue une icône canadienne. Aujourd'hui, son esprit perdure dans le Bluenose II - l'hommage de la Nouvelle-Écosse à notre patrimoine de la construction navale.

(Source : Wikipedia)

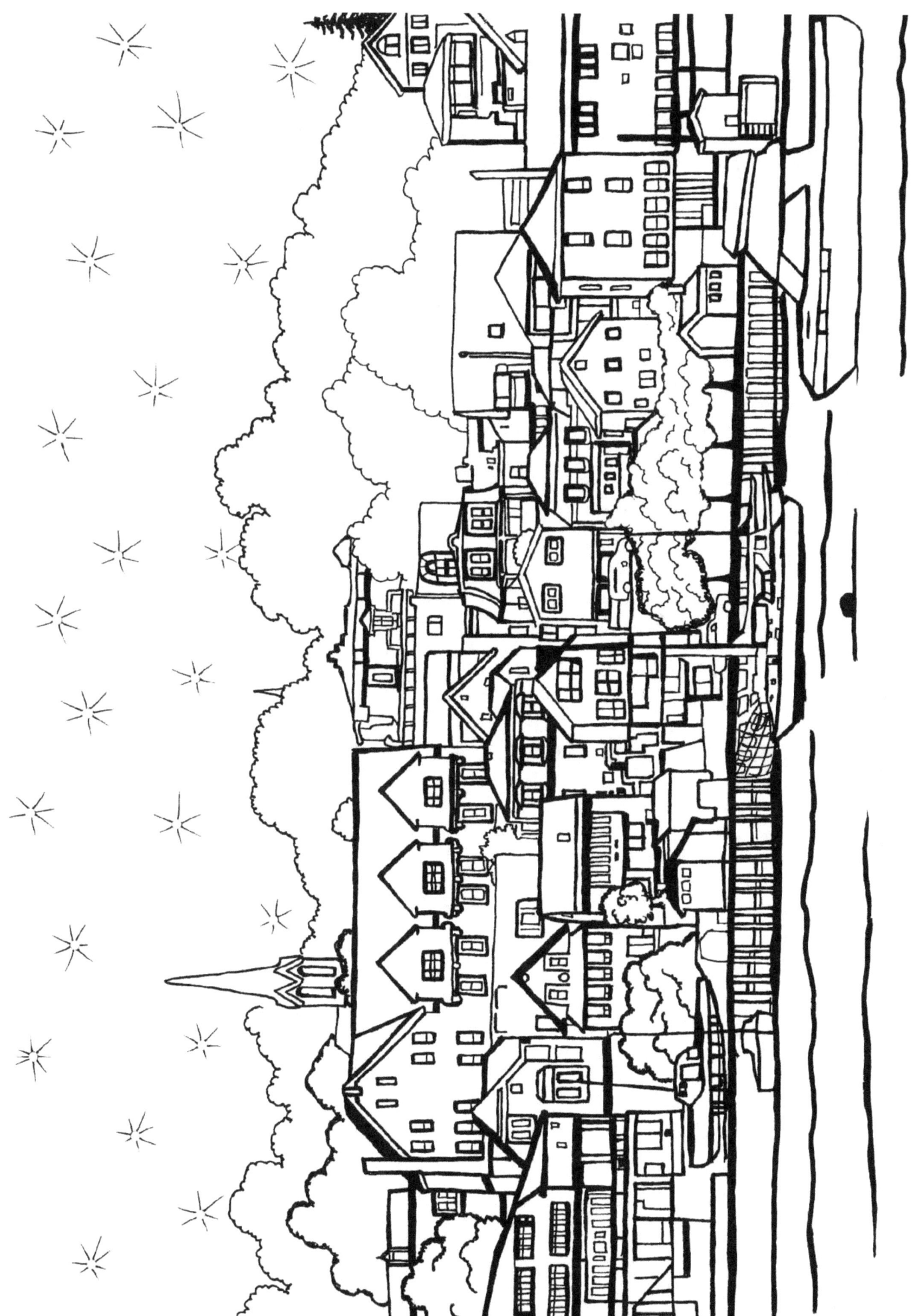

CAPE BRETON

Cape Breton Island is at the eastern end of the Canadian province of Nova Scotia. Its Cabot Trail is a roadway encircling the island, passing forests and rugged coastline. The drive skirts Cape Breton Highlands National Park, whose Skyline Trail footpath overlooks the Gulf of St. Lawrence, known for migratory whales. The town of Sydney honours local music with the Big Fiddle, a giant violin statue on the waterfront.

CAP BRETON

L'île du Cap-Breton est située à l'extrémité est de la province canadienne de la Nouvelle-Écosse. Le 'Cabot Trail' est une chaussée qui entoure l'île, traverse des forêts et un littoral accidenté. La route longe le parc national des Hautes-Terres-du-Cap-Breton, dont le sentier du sentier Skyline donne sur le golfe du Saint-Laurent, connu pour ses baleines migratrices. La ville de Sydney honore la musique locale avec le Big Fiddle, une statue de violon géante située au bord de l'eau.

(Source : Wikipedia)

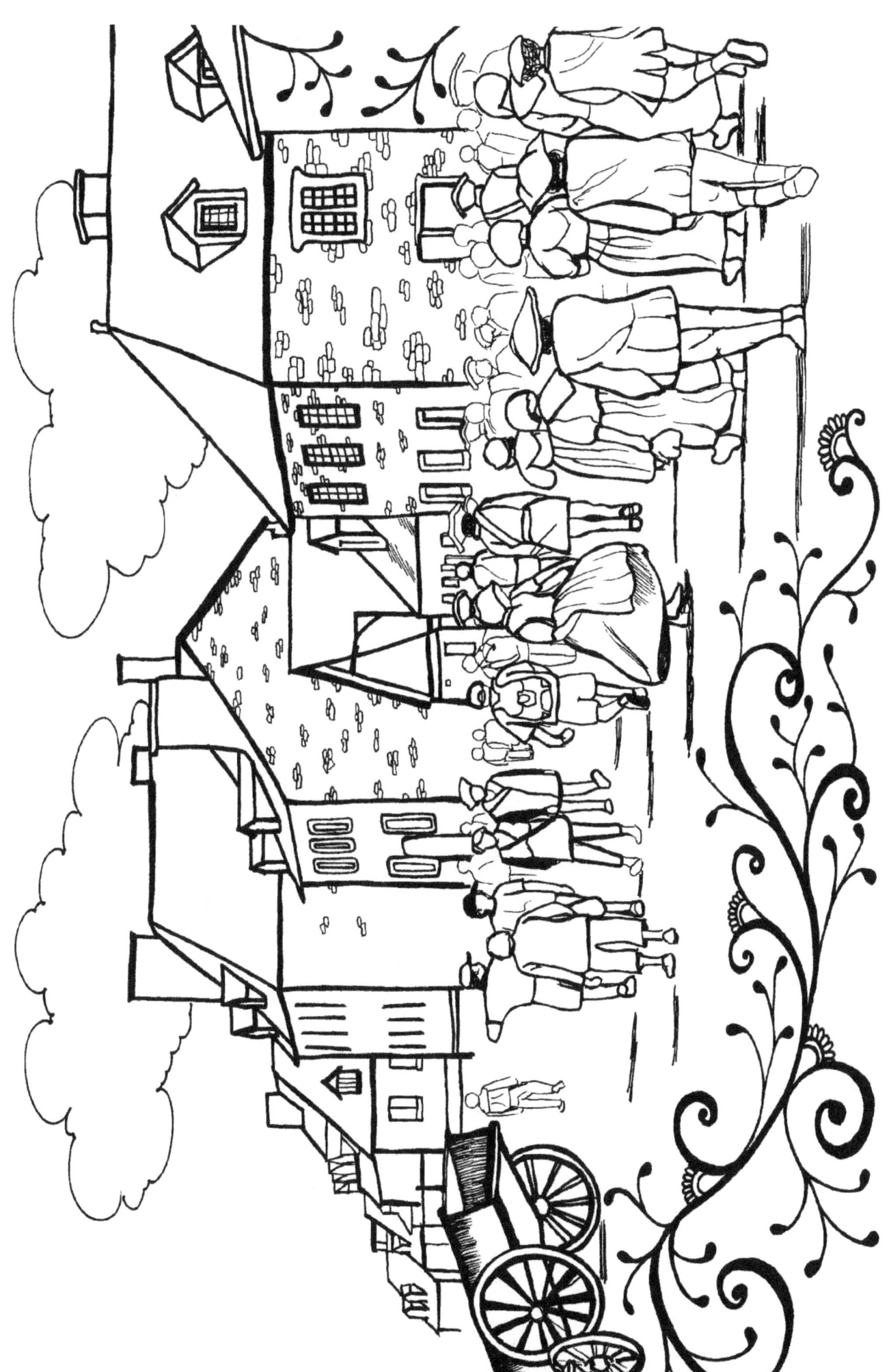

LOUISBOURG FORTRESS - The site of the fortress was designated a National Historic Site in 1920.

Beginning in 1961, the government of Canada undertook a historical reconstruction of one quarter of the town and fortifications with the aim being to recreate Louisbourg as it would have been at its height in the 1740s. The work required an interdisciplinary effort by archaeologists, historians, engineers, and architects. The reconstruction was aided by unemployed coal miners from the industrial Cape Breton area, many of whom learned French masonry techniques from the 18th century and other skills to create an accurate replica. Where possible, many of the original stones were used in the reconstruction.

Dozens of researchers worked on the project over the span of five decades. They included British-born archaeologists Bruce W. Fry and Charles Lindsay; and Canadian historians B. A. Balcom, Kenneth Donovan, Brenda Dunn, John Fortier, Margaret Fortier, Allan Greer, A.J.B. Johnston, Eric Krause, Anne Marie Lane Jonah, T.D. MacLean, Christopher Moore, Robert J. Morgan, Christian Pouyez and Gilles Proulx. There were many more. Among the architects, Yvon LeBlanc, one of the first Acadian architects, was responsible for most of town-site buildings, with input from researchers who contributed to various committees.

Today, the entire site of the fortress, including the one-quarter reconstruction, is the Fortress of Louisbourg National Historic Site of Canada, operated by Parks Canada. Offerings include guided and unguided tours, and the demonstration and explanation of period weapons, including muskets and a cannon. Puppet shows are also shown. The Museum / Caretakers Residence (ca. 1935-6) within the site is a Classified Federal Heritage Building. The fortress has also greatly aided the local economy of the town of Louisbourg, as it has struggled to diversify economically with the decline of the North Atlantic fishery.

FORTERESSE LOUISBOURG - Le site de la forteresse a été désigné lieu historique national en 1920.

À partir de 1961, le gouvernement du Canada entreprend la reconstruction historique du quart de la ville et de ses fortifications dans le but de recréer Louisbourg à son apogée des années 1740. Les travaux nécessitaient un effort interdisciplinaire d'archéologues, d'historiens, d'ingénieurs et d'architectes. La reconstruction a été facilitée par des mineurs de charbon au chômage de la région industrielle du Cap-Breton, dont beaucoup ont appris les techniques de maçonnerie françaises du 18ème siècle et d'autres compétences pour créer une réplique exacte. Dans la mesure du possible, de nombreuses pierres d'origine ont été utilisées lors de la reconstruction.

Des dizaines de chercheurs ont travaillé sur le projet au cours de cinq décennies. Parmi eux, Bruce W. Fry et Charles Lindsay, des archéologues d'origine britannique ; et les historiens canadiens B. A. Balcom, Kenneth Donovan, Brenda Dunn, John Fortier, Margaret Fortier, Allan Greer, A.J.B. Johnston, Eric Krause, Anne Marie Lane Jonah, T.D. MacLean, Christopher Moore, Robert J. Morgan, Christian Pouyez et Gilles Proulx. Il y en avait beaucoup plus. Parmi les architectes, Yvon LeBlanc, l'un des premiers architectes acadiens, était responsable de la plupart des bâtiments en ville, avec la contribution de chercheurs ayant contribué à divers comités.

Aujourd'hui, tout le site de la forteresse, y compris la reconstruction d'un quart, est le lieu historique national du Canada de la Forteresse de Louisbourg, exploité par Parcs Canada. Les offres comprennent des visites guidées et non guidées, ainsi que la démonstration et l'explication d'armes d'époque, notamment des mousquets et un canon. Des spectacles de marionnettes sont également présentés. La résidence du musée et des gardiens (vers 1935-1936) située sur le site est un édifice fédéral du patrimoine classé. La forteresse a également grandement aidé l'économie locale de la ville de Louisbourg, alors qu'elle avait du mal à se diversifier sur le plan économique face au déclin de la pêche dans l'Atlantique Nord

(Source : Wikipedia)

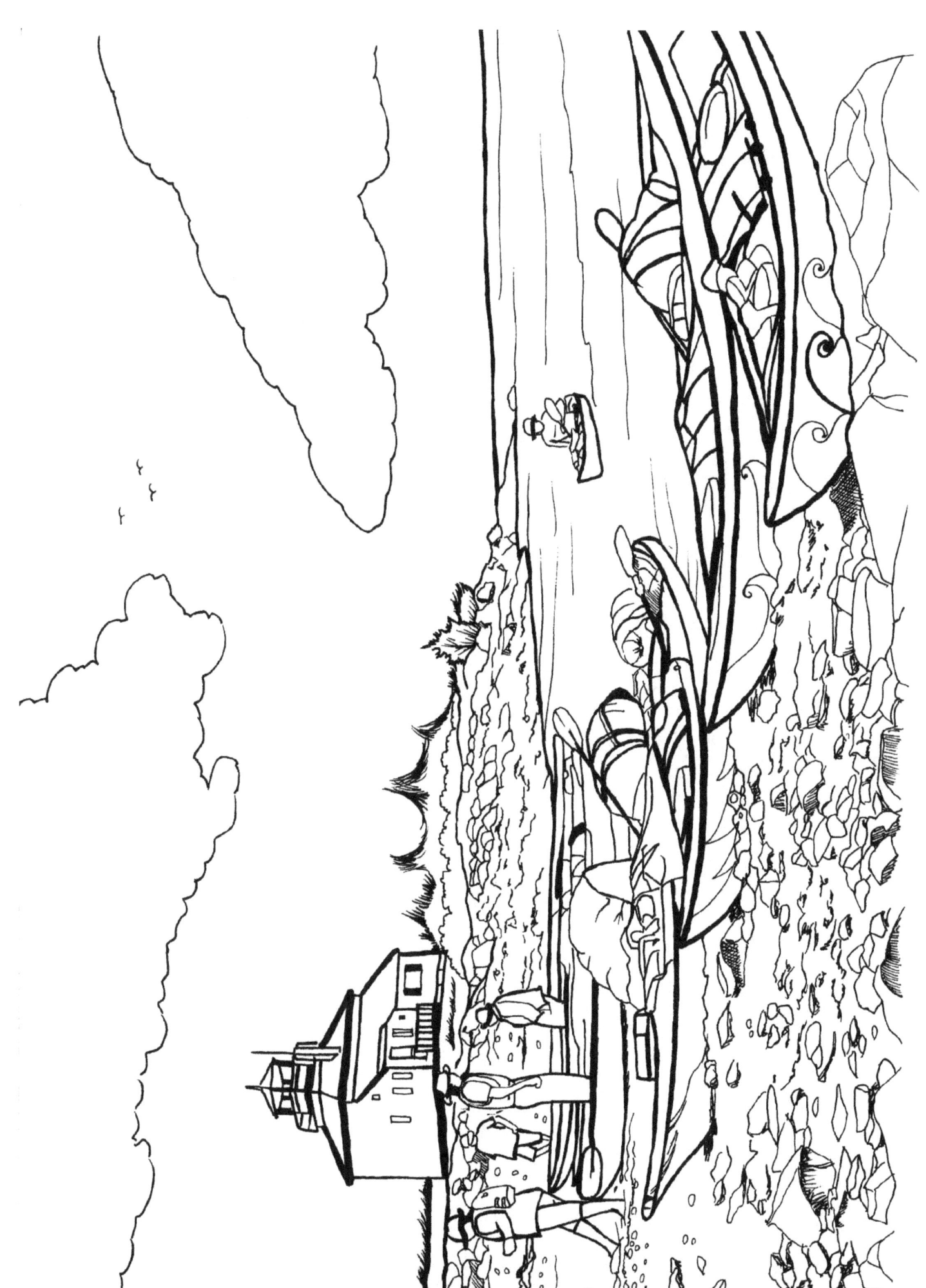

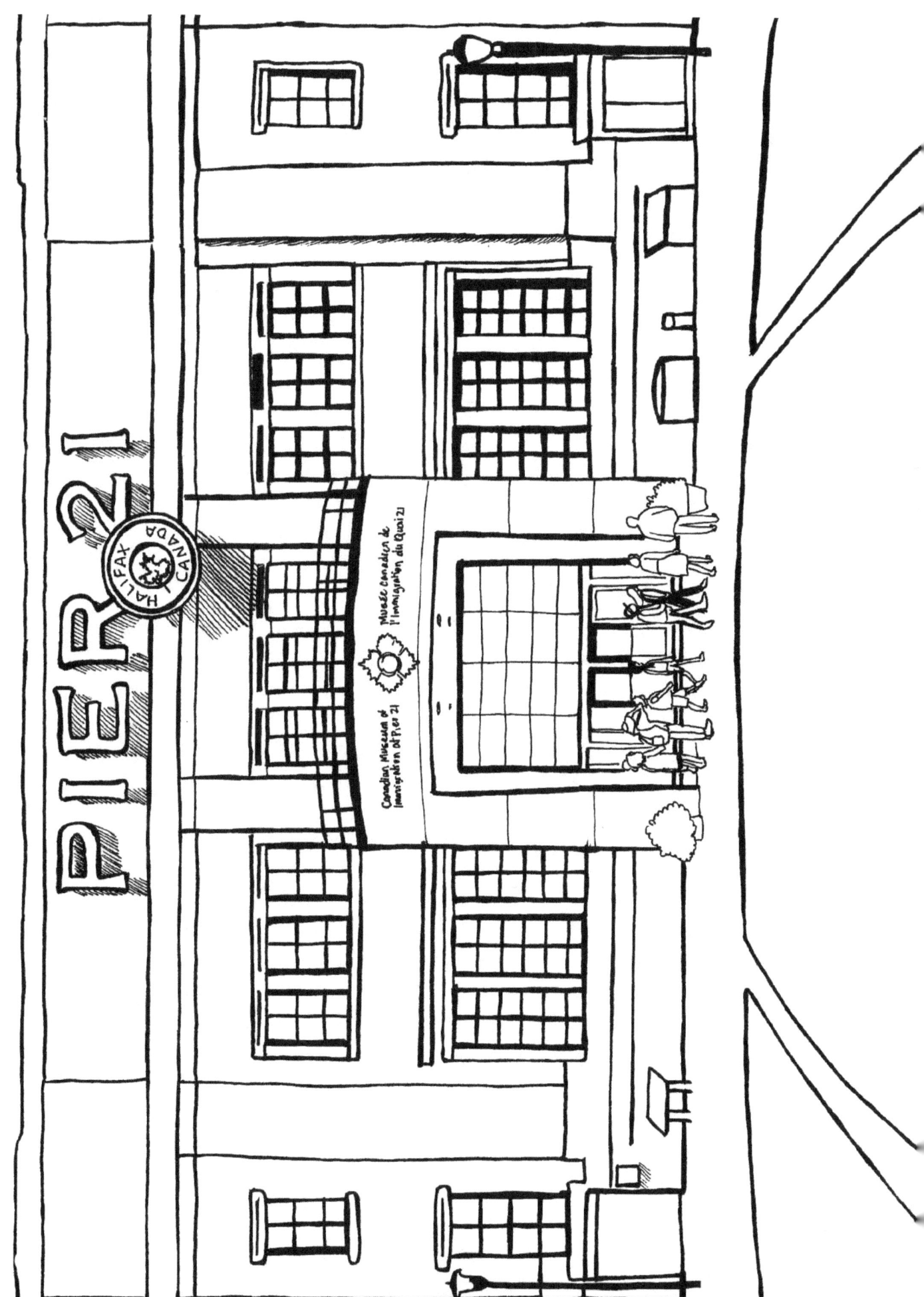

PIER 21

The Canadian Museum of Immigration at Pier 21, in Halifax, Nova Scotia, is Canada's national museum of immigration. The museum occupies part of Pier 21, the former ocean liner terminal and immigration shed from 1928 to 1971. Pier 21 is Canada's last remaining ocean immigration shed. The facility is often compared to Ellis Island (1892-1954), in terms of its importance to mid-20th century immigration to Canada an association it shares with 19th century immigration history at Grosse Isle, Quebec (1832-1932) and Partridge Island in Saint John, New Brunswick (1785-1941). The Museum began as an independent institution run by the Pier 21 Society in 1999. It became a national museum run by the Canadian federal government in 2011.

Le Musée canadien de l'immigration situé au Quai 21, à Halifax, en Nouvelle-Écosse, est le musée national de l'immigration du Canada. Le musée occupe une partie du Quai 21, l'ancien terminal de paquebot et un hangar d'immigration de 1928 à 1971. Le Quai 21 est le dernier hangar d'immigration pour les océans au Canada. Cette installation est souvent comparée à Ellis Island (1892-1954). En raison de son importance pour l'immigration au milieu du XXe siècle au Canada, cette association est liée à l'histoire de l'immigration au XIXe siècle à Grosse Isle, au Québec (1832-1932) et à Partridge Island. Saint John, Nouveau-Brunswick (1785-1941). Le Musée a été créé en 1999 en tant qu'institution indépendante gérée par la Pier 21 Society. Il est devenu un musée national géré par le gouvernement fédéral canadien en 2011.

(Source : Wikipedia)

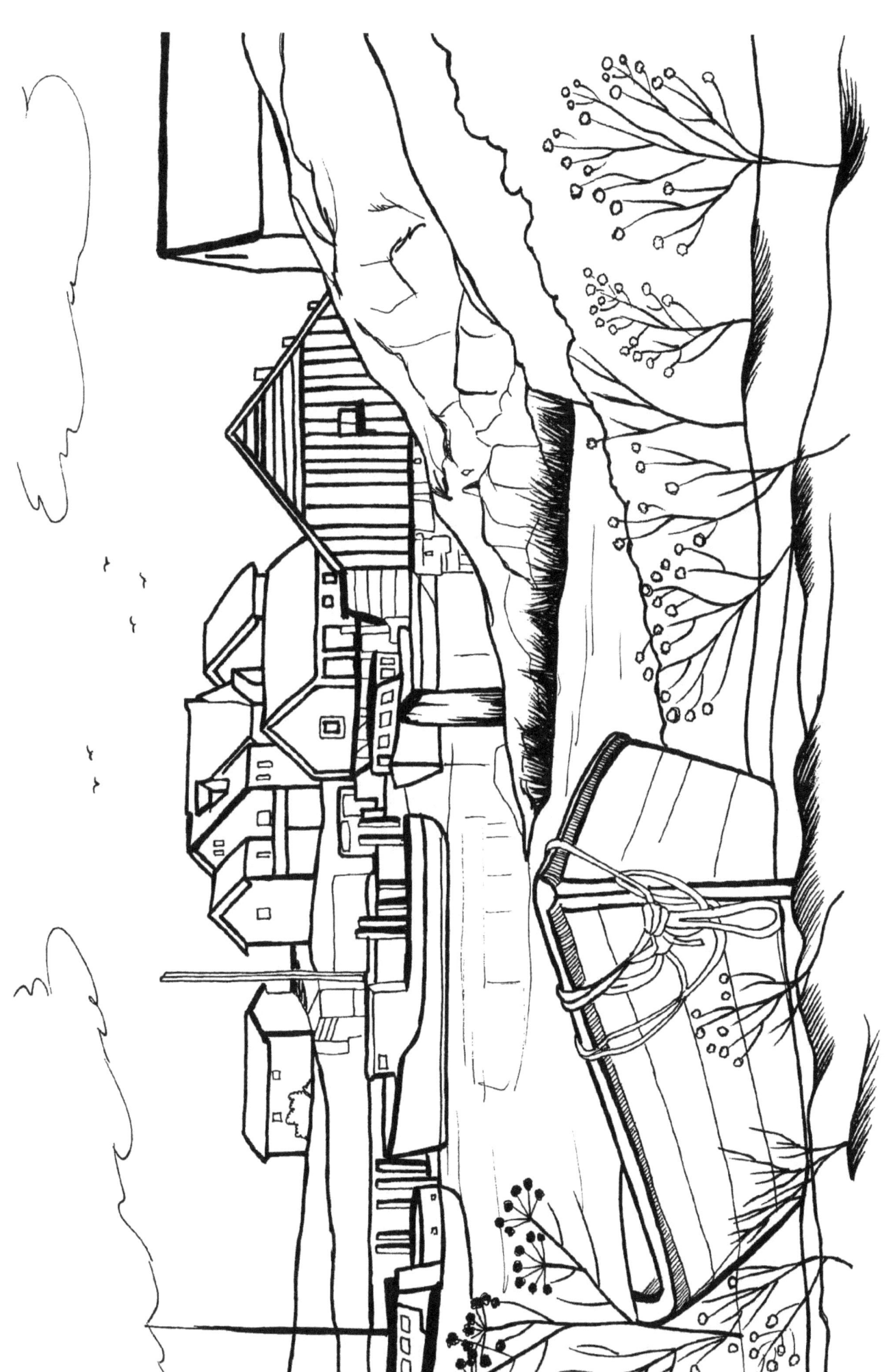

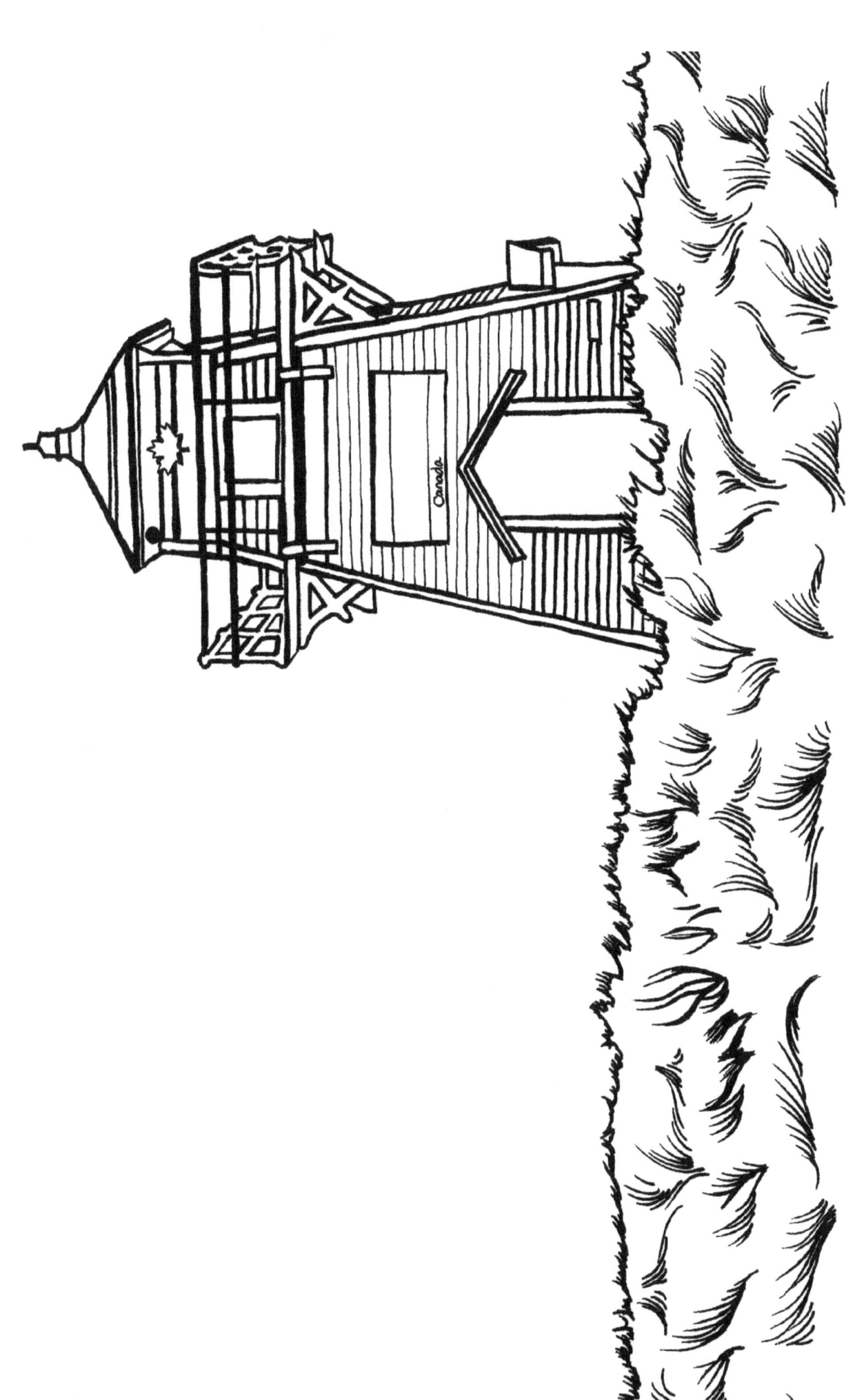

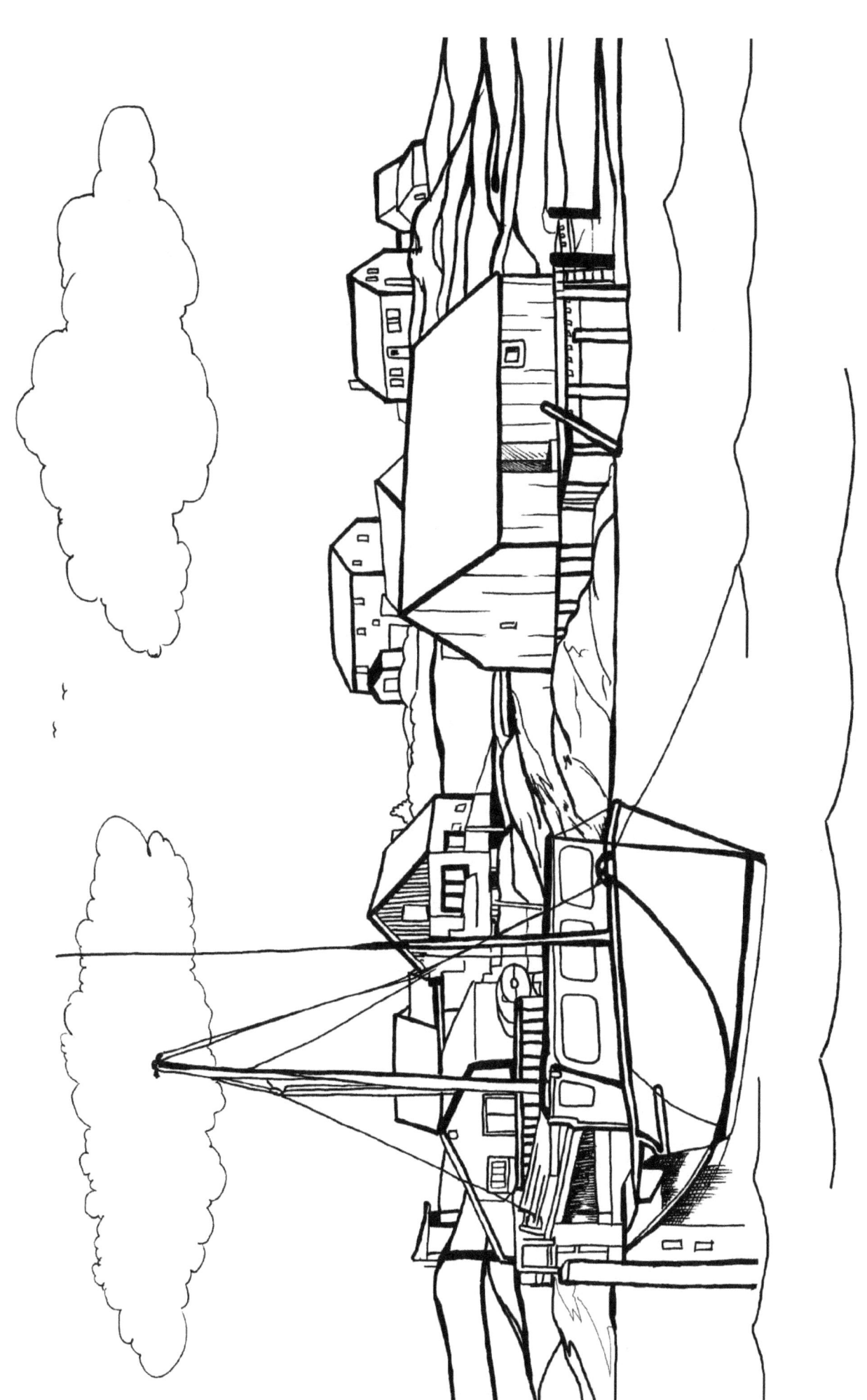

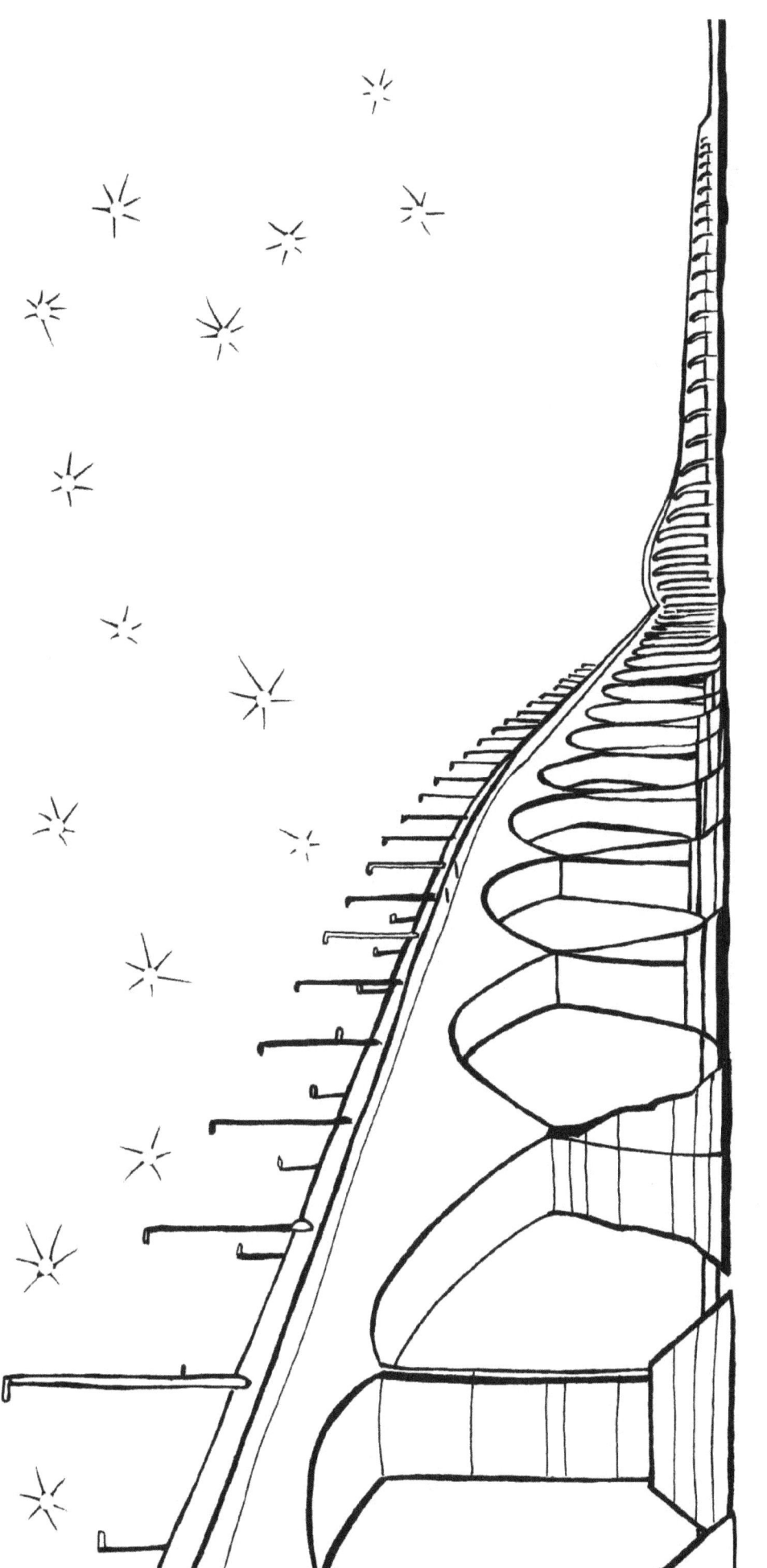

Spanning over Northumberland Strait, is the CONFEDERATION BRIDGE

Canada's Confederation Bridge is not simply a marvel of Canadian engineering, it's also one of the 20th century's greatest engineering achievements. It's an 8-mile long behemoth. So, while it's not super high, it's one of the world's longest bridges.

The 2-lane bridge (called Pont de la Confédération in Canada) spans across the Abegweit Passage of Northumberland Strait, linking Prince Edward Island with mainland New Brunswick. The controversial bridge even required a Constitutional Amendment to allow for its construction.

Reportedly, the bridge is the world's longest that crosses ice-covered water. It's a "multi-span beam bridge with a post-tensioned concrete box girder structure" and it cost $1.3 billion to build. The speed limit for crossing the bridge is 50 mph and it'll take you about 12 minutes to cross it.

It took four years to build and 5,000 workers to complete the curved bridge. In fact, the bridge was actually built on land, and then each piece was lifted into place. In 1997 it officially opened. 75,000 people participated in a "Bridge Walk" and "Bridge Run" to commemorate it's grand opening. After the bridge was built the local GDP rose 5%.

It's had a significant impact on tourism.

Surplombant le détroit de Northumberland, est le PONT DE LA CONFÉDÉRATION

Le Pont de la Confédération du Canada n'est pas simplement une merveille de l'ingénierie canadienne, c'est aussi l'une des plus grandes réalisations de l'ingénierie du 20e siècle. C'est un géant de 8 miles de long. Ainsi, même s'il n'est pas très haut, c'est l'un des plus longs ponts au monde.

Le pont à deux voies (appelé pont de la Confédération au Canada) enjambe le passage Abegweit du détroit de Northumberland, reliant l'Île-du-Prince-Édouard au continent du Nouveau-Brunswick. Le pont controversé a même nécessité un amendement constitutionnel pour permettre sa construction.

Il semblerait que ce pont soit le plus long du monde traversant des eaux couvertes de glace. C'est un "pont à poutres multiples à travées multiples avec une structure en poutres en caissons en béton post-tendu" et sa construction a coûté 1,3 milliard de dollars. La vitesse maximale autorisée pour traverser le pont est de 50 mi / h et il vous faudra environ 12 minutes pour le traverser.

Il a fallu quatre ans pour construire et 5 000 ouvriers pour achever le pont incurvé. En fait, le pont a été construit sur la terre ferme, puis chaque pièce a été soulevée. En 1997, il a officiellement ouvert ses portes. 75 000 personnes ont participé à une "promenade de pont" et à une "course de pont" pour commémorer sa grande ouverture. Après la construction du pont, le PIB local a augmenté de 5%.

Cela a eu un impact significatif sur le tourisme (Source : Roadtrippers.com)

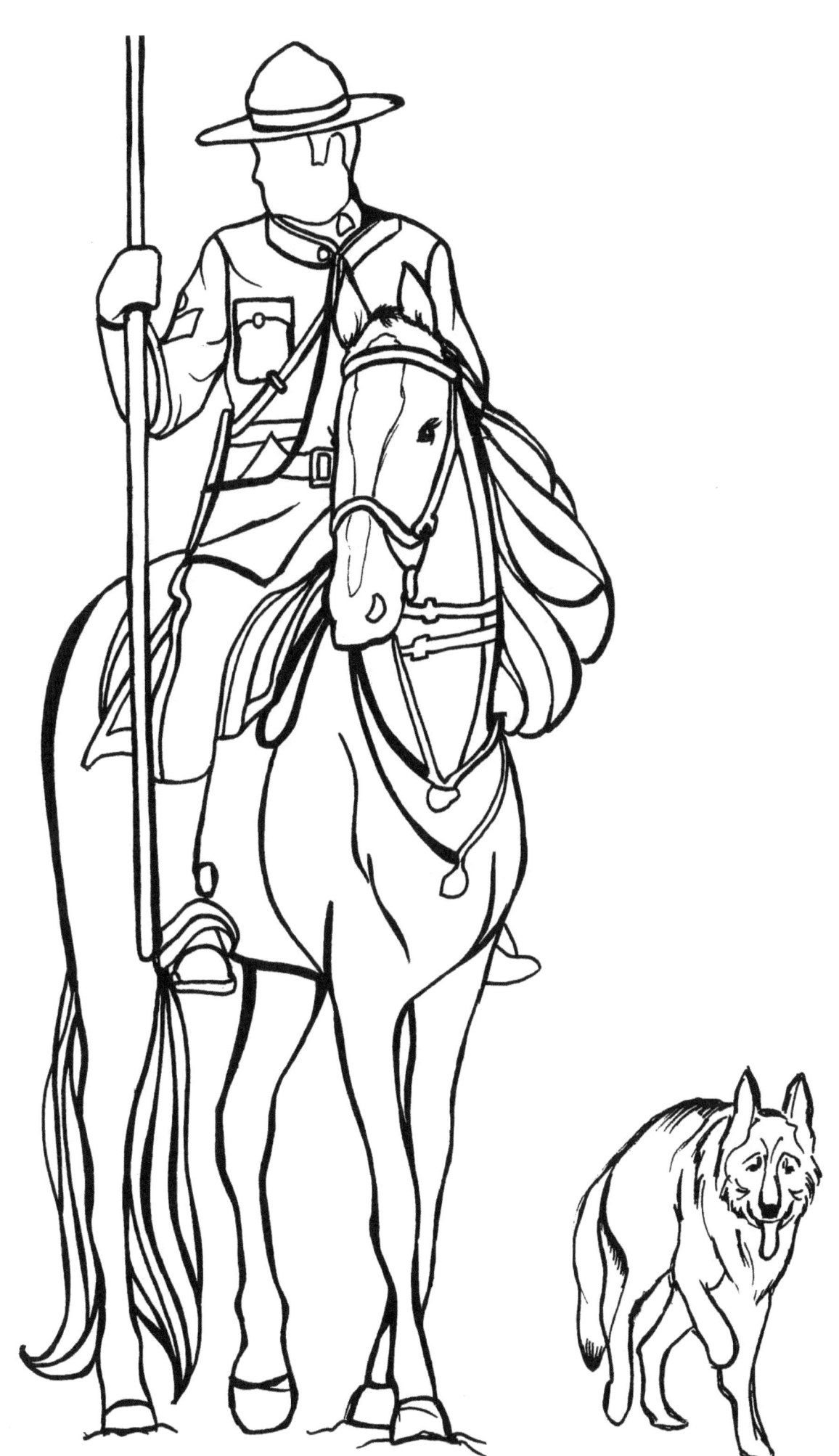

Royal Canadian Mounted Police (RCMP), formerly (until 1920) North West Mounted Police, by name Mounties, Canada's federal police force. It is also the provincial and criminal police establishment in all provinces except Ontario and Quebec and the only police force in the Yukon and Northwest territories. It is responsible for Canadian internal security as well.

Founded in 1873, it was originally called the North West Mounted Rifles, but the reaction of the United States to the idea of an armed force patrolling the border caused the name to be changed to the North West Mounted Police. The force's first installation was Fort McLeod, in the province of Alberta, and it was the only authority for 300,000 square miles (800,000 square km) of wilderness. The original force of 300 men was sent to deal with traders from the United States who were creating havoc among the Indians by trading cheap whiskey for buffalo hides. With a combination of tact and dogged persistence, the Mounties succeeded in driving these men back across the border and pacifying the Indians. Their just treatment of the Indians resulted in the neutrality of the powerful Blackfoot Confederacy during the Riel Rebellion of 1885.

As the only authority in the region, the force assumed a wide variety of duties. Under its surveillance, the western extension of the Canadian Pacific Railway was completed in 1885. Anticipating the gold rush of 1898, the Mounties preceded the first wave of prospectors to the Yukon. As more than 300,000 settlers poured into Canada after the turn of the 20th century, the Mounties were of considerable assistance to those inexperienced in wilderness survival. In 1904 the prefix "Royal" was added to their name, and in 1920, when it became a federal force throughout Canada, the present name was adopted, and the headquarters were moved from Regina to Ottawa.

La Gendarmerie royale du Canada (GRC), anciennement (jusqu'en 1920) la Police à cheval du Nord-Ouest, nommée Mounties, la force de police fédérale du Canada. C'est également la police provinciale et la police criminelle dans toutes les provinces sauf l'Ontario et le Québec et la seule force de police au Yukon et dans les territoires du Nord-Ouest. Il est également responsable de la sécurité intérieure du Canada.

Fondé en 1873, il s'appelait à l'origine «North West Mounted Rifles», mais la réaction des États-Unis à l'idée d'une force armée patrouillant à la frontière a entraîné le changement de nom pour celui de Police à cheval du Nord-Ouest. La première installation de la force a été Fort McLeod, dans la province de l'Alberta, et elle était la seule autorité pour 800 000 kilomètres carrés de zones sauvages. La force initiale de 300 hommes a été envoyée pour traiter avec des commerçants américains qui faisaient des ravages parmi les Indiens en échangeant du whisky bon marché contre des peaux de buffle. Combinant tact et persévérance, la police montée a réussi à repousser ces hommes vers la frontière et à apaiser les Indiens. Leur traitement juste des Indiens aboutit à la neutralité de la puissante Confédération Blackfoot lors de la rébellion de Riel en 1885. En tant que seule autorité dans la région, la force assumait une grande variété de tâches. Sous sa surveillance, le prolongement à l'ouest de la voie ferrée du Canadien Pacifique a été achevé en 1885. Anticipant la ruée vers l'or de 1898, la police montée a précédé la première vague de prospecteurs au Yukon. Alors que plus de 300 000 colons se sont installés au Canada après le tournant du XXe siècle, les gendarmes ont été d'une aide considérable pour ceux qui n'avaient pas l'expérience de la survie en pleine nature. En 1904, le préfixe «Royal» fut ajouté à leur nom. En 1920, lorsqu'il devint une force fédérale dans tout le Canada, le nom actuel fut adopté et le quartier général fut déplacé de Regina à Ottawa.

Source: https://www.britannica.com/topic/Royal-Canadian-Mounted-Police

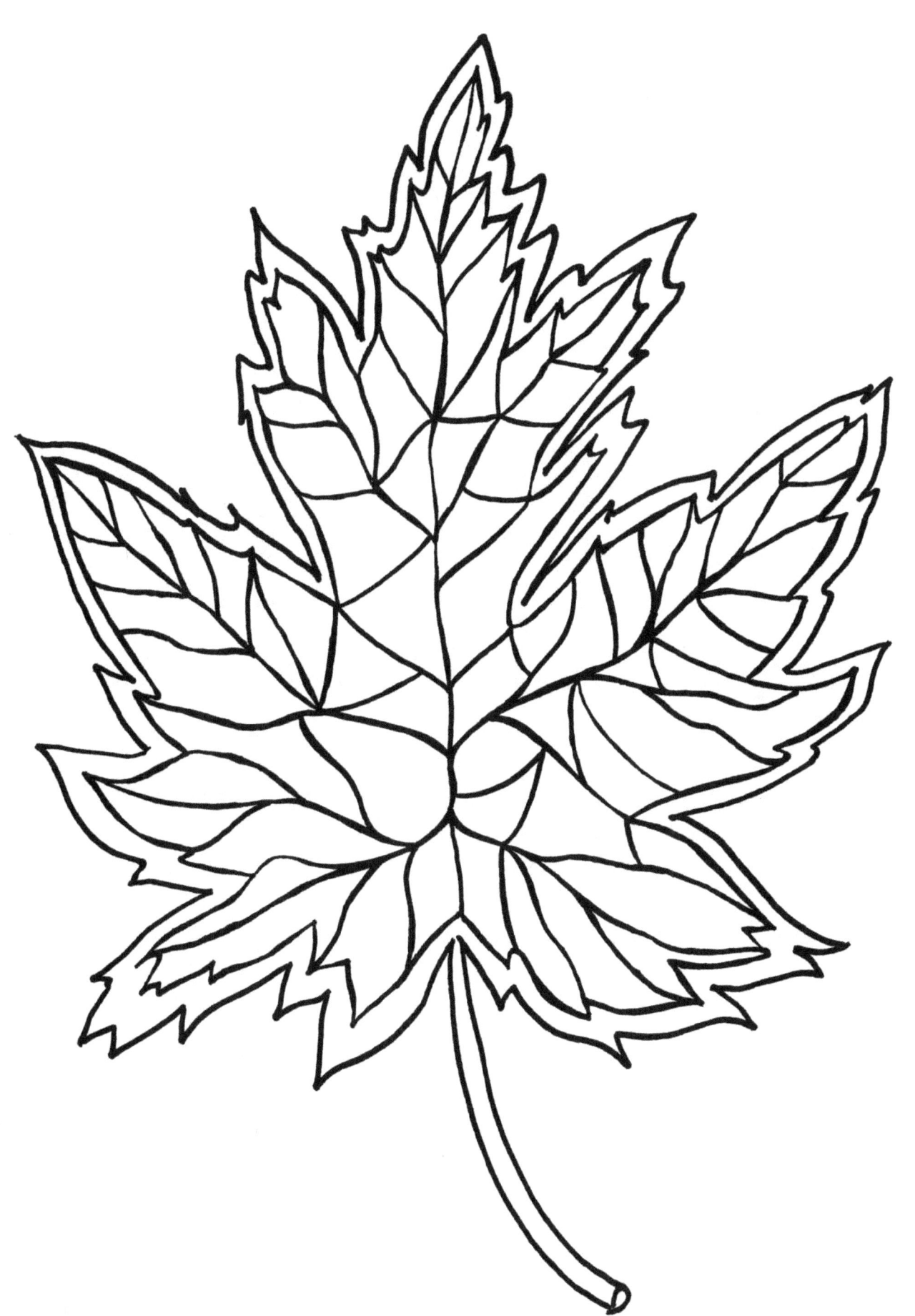

The Canadian Maple leaf symbolizes unity, tolerance, and peace.

A little bit of history...

The maple tree and its distinctive leaves are more than a fixture of Canada's natural beauty. 10 varieties of maple grow in Canada, so the tree is abundant and recognizable throughout the country. The maple leaf has been adopted by national groups, placed on the coat of arms and used as the centerpiece of the nation's flag.

In 1925, debate over a national flag began in the Canadian Privy Council, a group of consultants for the British queen. The group wanted a design that would represent Canada's independence and unity, but members could not decide on a final product. Parliament picked up the search for a national flag in 1946, but after more than 2,600 submissions, they never voted on a design.

It wasn't until 1965 that Canada finally adopted the red maple leaf with red and white accents, a design that had been featured on Olympic athletes' uniforms since 1904. The Maple leaf as a national symbol. In 1834 the St. Jean-Baptiste Society, a French-Canadian patriotic group, adopted the maple leaf as their group symbol. In 1836 the newspaper "Le Canadien" named the maple leaf the official symbol of Canada, and by 1860 members of the Regiment of Royal Canadians were sporting the leaf on their badges. The leaf was featured on both the British and French-Canadian coat of arms, and it's been used on currency since the end of the 19th century. It was also a Canadian military symbol during both World Wars. The maple was designated as Canada's national tree in 1996.

La feuille d'érable canadienne symbolise l'unité, la tolérance et la paix.

Un peu d'histoire...

L'érable et ses feuilles distinctives sont plus qu'un élément de la beauté naturelle du Canada. 10 variétés d'érables poussent au Canada, ce qui en fait un arbre abondant et reconnaissable dans tout le pays. La feuille d'érable a été adoptée par des groupes nationaux, placée sur le blason et utilisée comme pièce maîtresse du drapeau national.

En 1925, le Conseil privé du Canada, un groupe de consultants de la reine britannique, commença à débattre d'un drapeau national. Le groupe souhaitait un modèle qui représenterait l'indépendance et l'unité du Canada, mais les membres ne pourraient pas choisir un produit final. Le Parlement a commencé à chercher un drapeau national en 1946, mais après plus de 2 600 soumissions, il n'a jamais voté pour un dessin.

Ce n'est qu'en 1965 que le Canada a finalement adopté la feuille d'érable rouge aux accents rouges et blancs, un motif qui figurait sur l'uniforme des athlètes olympiques depuis 1904. La feuille d'érable comme symbole national En 1834, la Société Saint-Jean-Baptiste, un groupe patriotique franco-canadien, adopta la feuille d'érable comme symbole de groupe. En 1836, le journal "Le Canadien" désigna la feuille d'érable comme symbole officiel du Canada et, en 1860, les membres du Régiment of Royal Canadian arboraient la feuille avec leur badge. La feuille figurait sur les armoiries britannique et canadienne-française, et était utilisée sur la monnaie depuis la fin du 19e siècle. C'était également un symbole militaire canadien pendant les deux guerres mondiales. L'érable a été désigné comme arbre national du Canada en 1996.

(Source: https://classroom.synonym.com/why-is-the-maple-leaf-a-canadian-symbol-12078959.html)

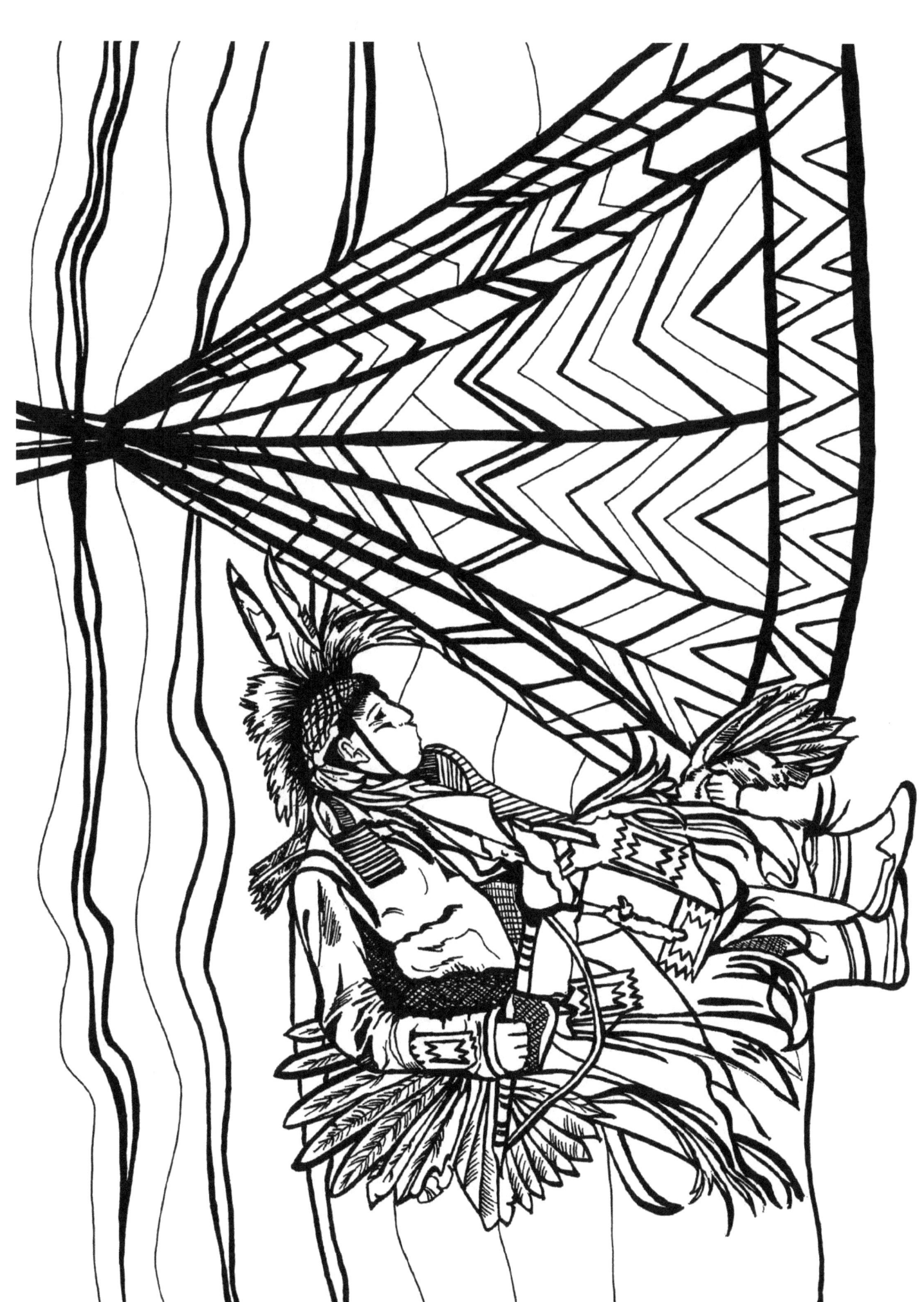

Mi'kmaq Nations

In known history, the oldest known residents of the province are the Mi'kmaq people. During the first 150 years of European settlement, the region was claimed by France and a colony formed, primarily made up of Catholic Acadians and Mi'kmaq.

The Santé Mawiómi, or Grand Council, was the traditional senior level of government for the Mi'kmaq people until Canada passed the Indian Act (1876) to require First Nations to establish representative elected governments. After implementation of the Indian Act, the Grand Council took on a more spiritual function. The Grand Council was made up of chiefs of the seven district councils of Mi'kma'ki.

Each Micmac Indian community lives on its own *reserve* or *reservation*. Reserves are land that belongs to the tribe and is legally under their control. The Micmac Indians in the United States call their community a *tribe*. In Canada, they call themselves *bands* or *First Nations*. Each Micmac tribe or First Nation has its own government, laws, police, and services, just like a small country. Some Mi'kmaq nations have also formed coalitions to address common problems.

The leader of a Micmac tribe is called the *chief--saqamaw* or *sakmaw* in the Mikmaq language. In the past, Micmac chiefs were chosen by tribal councilmembers. Often, they picked one of the last chief's sons or nephews. Today chiefs are elected in most Micmac nations, just like governors or mayors.

Les Premières Nations - Mi'kmaq

Dans l'histoire connue, les plus anciens résidents connus de la province sont les Mi'kmaq. Au cours des 150 premières années de peuplement européen, la région a été revendiquée par la France et une colonie s'est constituée, principalement composée d'Acadiens catholiques et de Micmacs.

La Santé Mawiómi, ou grand conseil, était le niveau hiérarchique traditionnel du peuple Mi'kmaq jusqu'à ce que le Canada adopte la Loi sur les Indiens (1876), qui oblige les Premières Nations à établir des gouvernements élus représentatifs. Après la mise en œuvre de la Loi sur les Indiens, le Grand Conseil a assumé une fonction plus spirituelle. Le grand conseil était composé des chefs des sept conseils de district de Mi'kma'ki.

Chaque communauté micmac vit dans sa propre réserve. Les réserves sont des terres qui appartiennent à la tribu et sont légalement sous leur contrôle. Aux États-Unis, les Indiens Micmacs considèrent leur communauté comme une tribu. Au Canada, ils s'appellent eux-mêmes des bandes ou des Premières nations. Chaque tribu ou Première nation micmac a son propre gouvernement, ses lois, sa police et ses services, comme dans un petit pays. Certaines nations mi'kmaq ont également formé des coalitions pour résoudre des problèmes communs.

Le chef d'une tribu micmac est appelé le chef - saqamaw ou sakmaw en langue mikmaq. Dans le passé, les chefs micmacs étaient choisis par les membres du conseil tribal. Souvent, ils choisissaient l'un des fils ou neveux du dernier chef. Aujourd'hui, les chefs sont élus dans la plupart des nations micmaques, tout comme les gouverneurs ou les maires.

(Sources : http://www.bigorrin.org/mikmaq_kids.htm + Wikipedia)

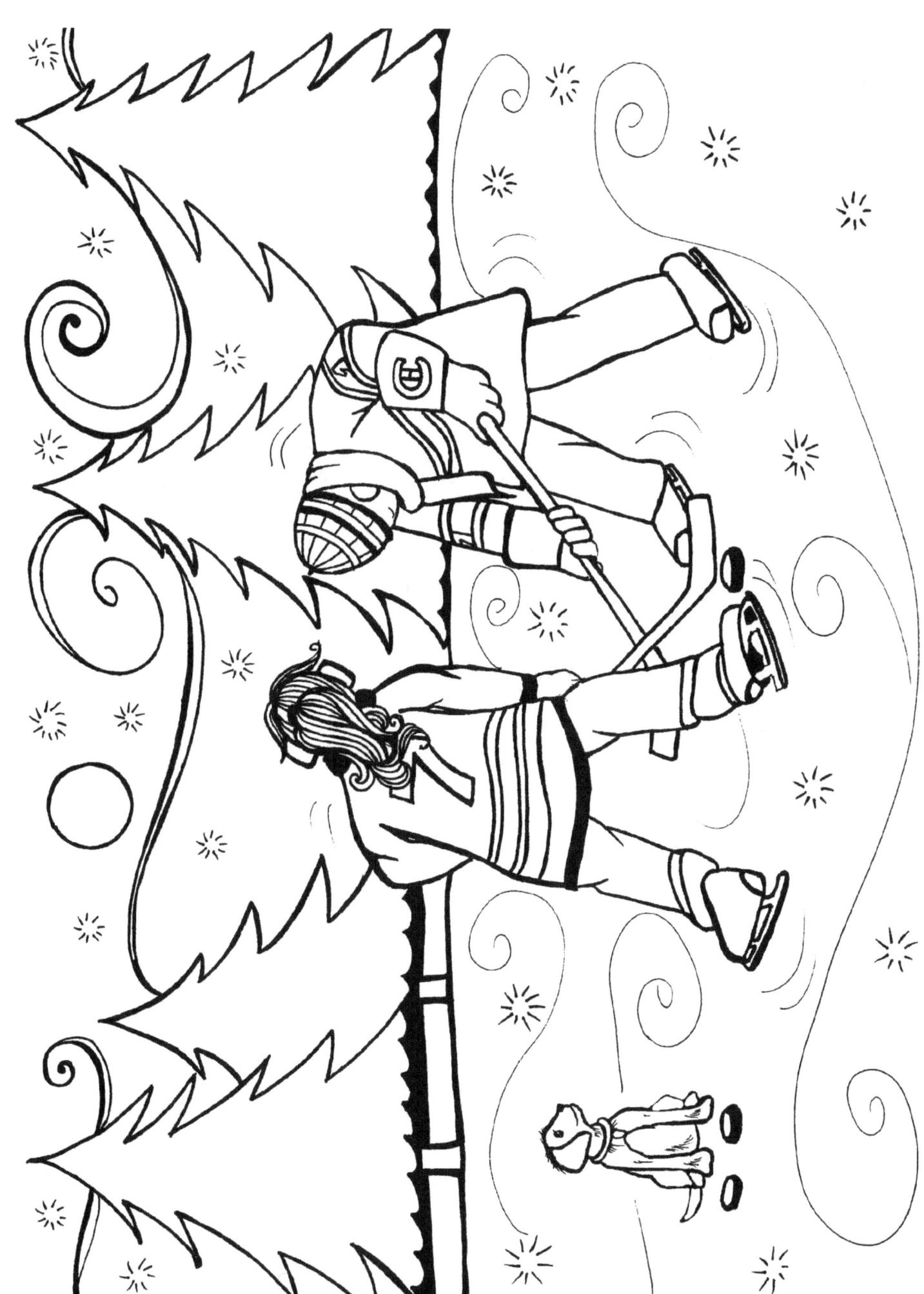

HOCKEY

'Hockey's place in Canadian culture is closer to religion than a simple sporting pastime, a unifying force in a country of 33 million people that is often split by politics and language. The sport is part of the national identity, a rite of passage between fathers and sons and more recently mothers and daughters as the game has evolved beyond its traditional gender boundaries. Generations of Canadians grew up listening to Hockey Night in Canada on the radio and decades later the Saturday night tradition continues intact on high-definition television.'

'In Canada, which regards itself as the birthplace of the game, it is simply referred to as "hockey," and anyone describing it any other way risks a disdainful look or a puck in the head. From Newfoundland to Vancouver Island hockey touches the lives of Canadians young and old. Children are introduced to the game at an early age, some learning to skate and hold a stick as soon as they can walk, while some people go to their graves wearing team jerseys. Hockey is a contradiction of graceful skill and brutal violence that runs counter to Canadians' modest, polite image, and novelist Hugh MacLennan theorized that the sport gave Canadians the same release that "strong liquor gives a repressed man."

'La place du hockey dans la culture canadienne est plus proche de la religion que d'un simple passe-temps sportif. C'est une force unificatrice dans un pays de 33 millions d'habitants souvent divisé par la politique et la langue. Le sport fait partie de l'identité nationale, un rite de passage entre pères et fils et plus récemment mères et filles, car le jeu a évolué au-delà de ses frontières de genre traditionnelles. Des générations de Canadiens ont grandi en écoutant l'émission Hockey Night In Canada à la radio et, des décennies plus tard, la tradition du samedi soir se poursuit intacte à la télévision haute définition.'

'Au Canada, qui se considère comme le berceau du jeu, on l'appelle simplement « hockey »et quiconque le décrit d'une autre manière risque de lui donner un regard dédaigneux ou une rondelle dans la tête.'

'De Terre-Neuve à l'île de Vancouver, le hockey touche la vie des jeunes et des moins jeunes. Les enfants sont initiés au jeu dès leur plus jeune âge. Certains apprennent à patiner et à tenir un bâton dès qu'ils savent marcher, tandis que d'autres se rendent sur leur tombe en portant leur maillot d'équipe. Le hockey est une contradiction puisque la violence brutale du sport allant à l'encontre de l'image modeste et polie des Canadiens, et dont le romancier Hugh MacLennan a émis l'hypothèse selon laquelle le sport a donné aux Canadiens ce que « l'alcool fort donne à un homme refoulé ». '

(Source: https://www.reuters.com/article/us-olympics-ice-hockey-canada)

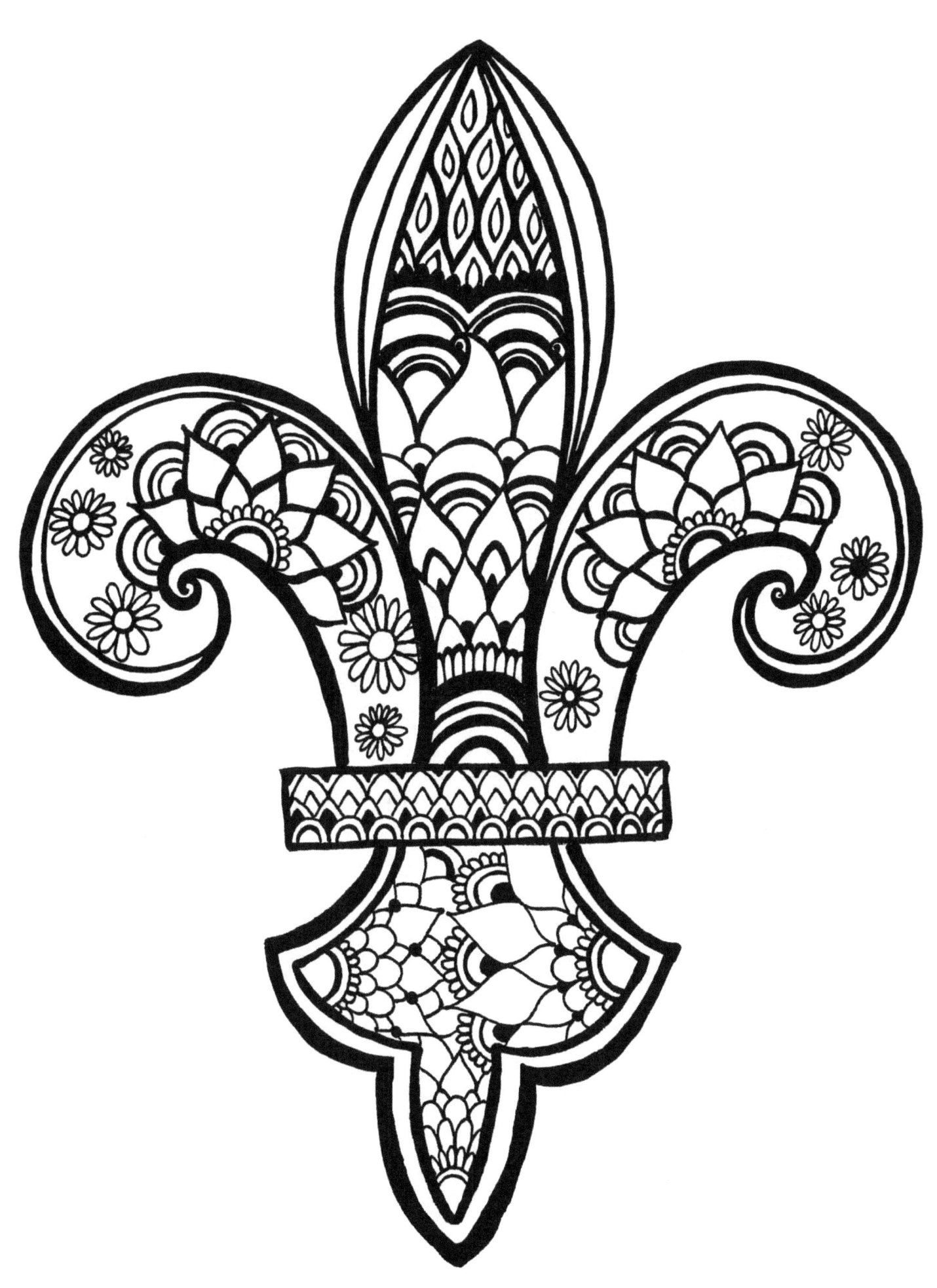

Fleur-de-Lys

The fleur-de-lys, a symbol of the French presence in North America, has featured on the Québec flag since 1948 and appears on the flags of several other French-speaking communities in Canada and the United States.

Halifax is the largest city in the Atlantic Provinces. Most of the 7,000 Francophones are Acadians9. Chezetcook West and Grand Desert, in the east end of the city, are two old Acadian villages. This culture was present in the 1950s and few people today. Halifax is a cosmopolitan city and most Acadians are scattered. Halifax is the only community easily accessible by plane and train, and is well served by road

---

La fleur de lys, symbole de la présence française en Amérique du Nord, figure sur le drapeau du Québec depuis 1948 et sur les drapeaux de plusieurs autres communautés francophones du Canada et des États-Unis.

Halifax est la plus grande ville des provinces Atlantiques. La plupart des 7000 francophones sont Acadiens. Chezetcook-Ouest et Grand-Désert, dans l'est de la ville, sont deux anciens villages acadiens.

Cette culture y fut présente jusque dans les années 1950 et peu d'habitants parlent aujourd'hui le français. Halifax est une ville cosmopolite et la majorité des Acadiens y sont éparpillés bien qu'ils possèdent certaines institutions. Halifax est la seule communauté facilement accessible en avion et en train, en plus d'être bien desservie par la route.

(Source: Wikipedia + https://www.thecanadianencyclopedia.ca/en/article/fleur-de-lys)

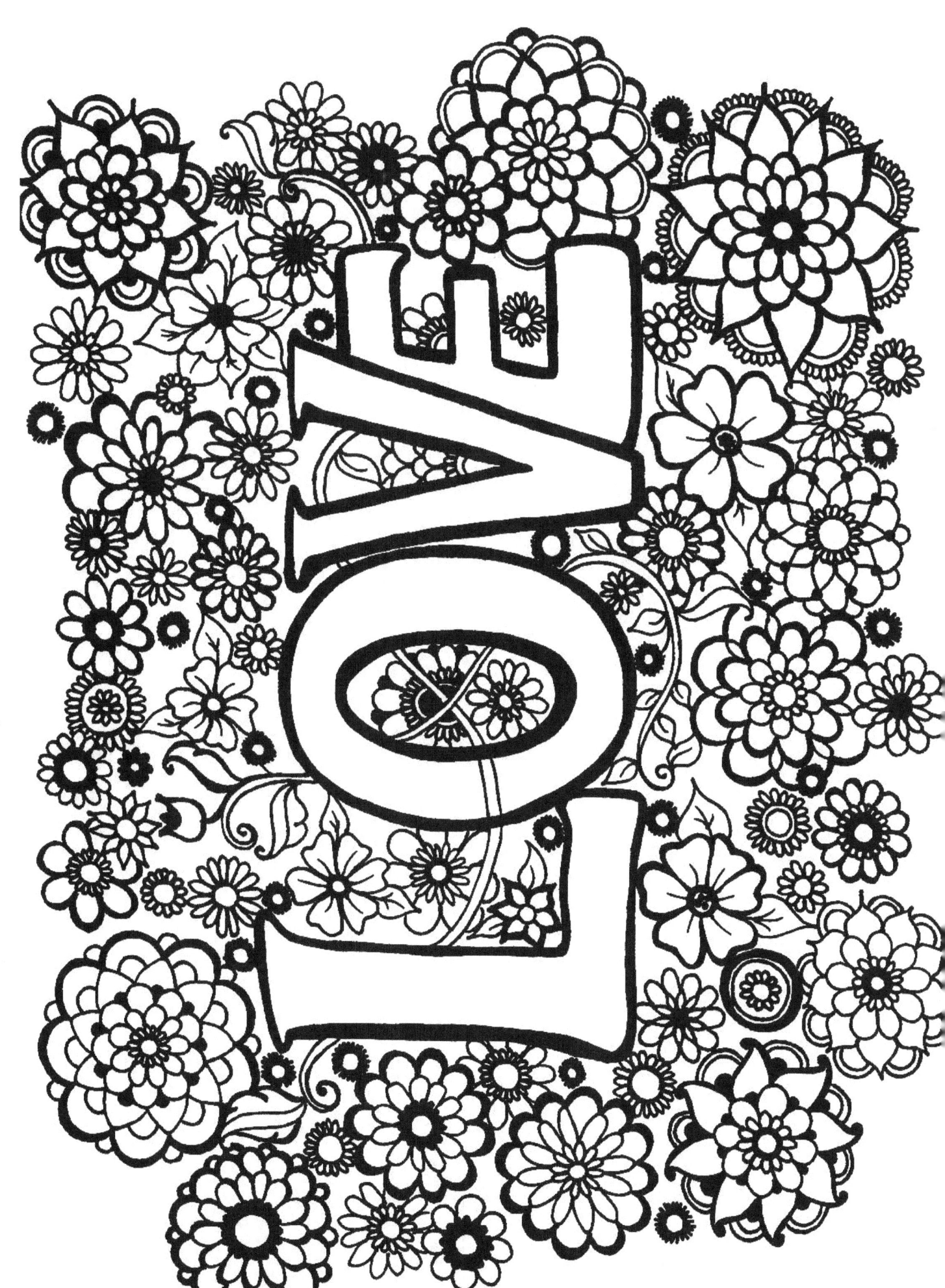

About You-Color and Nancy Béliveau, Artist and CEO:

Over years of working in a corporate environment in Montreal, Nancy discovered the benefits of coloring to relax and recharge from the go-go demands of work and a modern lifestyle. As an artist, Nancy was soon creating her own art for others to color and enjoy the benefits from the activity of coloring Finally, she left her corporate job to establish You-Color. This way she can respond to a growing demand for her coloring books. Today, you can find many of her coloring books on Amazon.com

À propos de You-Color et de Nancy Béliveau, artiste et chef de l'entreprise:

Au cours de nombreuses années à travailler au sein d'une entreprise corporative montréalaise, Nancy a découvert les avantages de l'activité du coloriage pour adultes, comme moyen de se détendre et de se ressourcer afin de faire face aux exigences du travail et à un style de vie moderne. En tant qu'artiste, Nancy a rapidement créé ses propres œuvres pour que les autres puissent les colorier et apprécier les bénéfices de cette activité - Finalement, elle a quitté son travail pour créer You-Color afin de répondre à la demande croissante pour ses livres à colorier. Aujourd'hui, vous pouvez trouver plusieurs de ses livres à colorier sur Amazon.com.

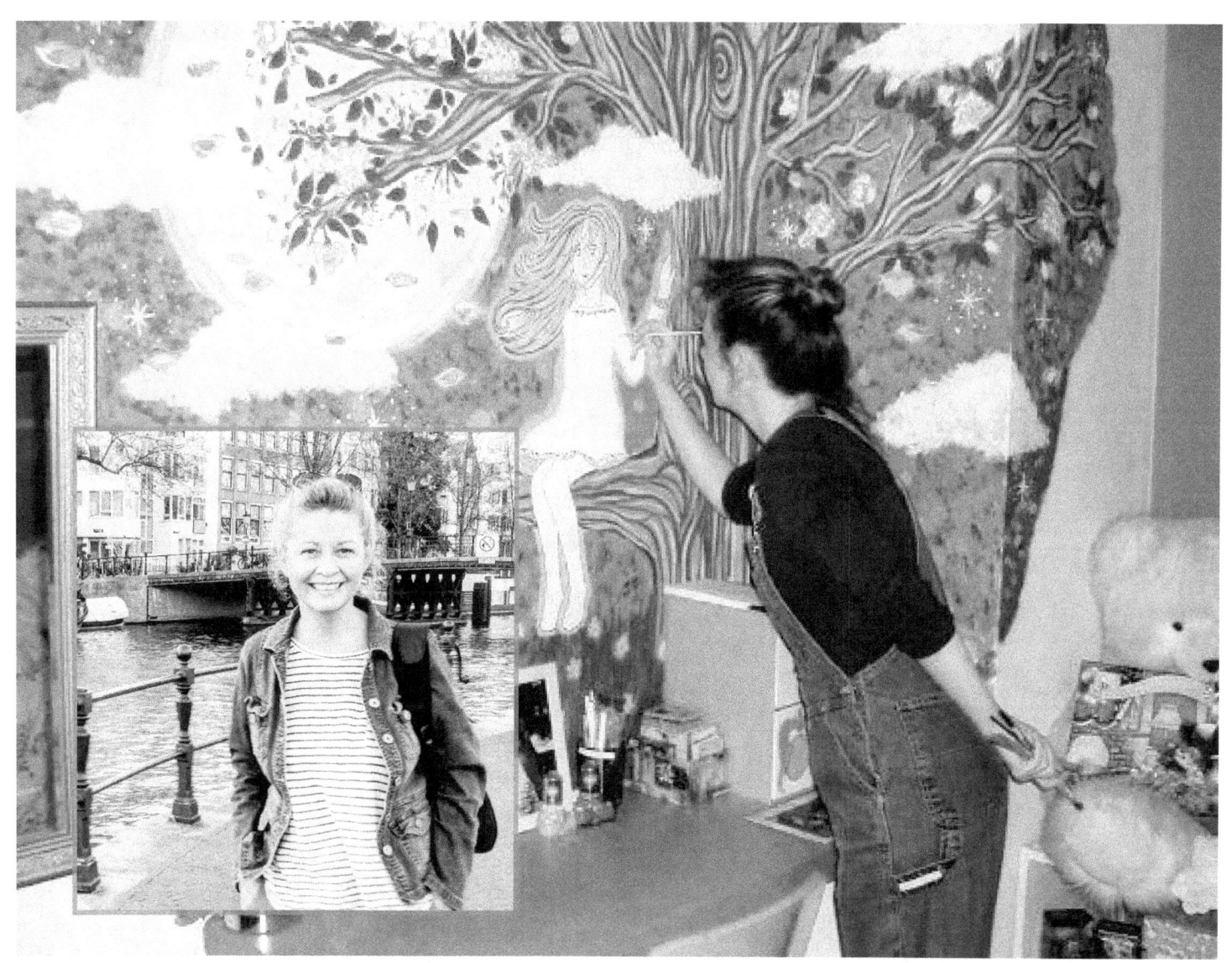

www.ingramcontent.com/pod-product-compliance
Lightning Source LLC
Chambersburg PA
CBHW062343220526
45469CB00008B/2819